JUGENDFUSSBALL
IN DEN NIEDERLANDEN

Henny Kormelink

und

Tjeu Seeverens

Kormelink, Henny und Seeverens, Tjeu
Jugendfußball in den Niederlanden / Henny Kormelink und Tjeu Seeverens

Copyright 1999 "De VoetbalTrainer"
Copyright deutschsprachige Ausgabe: bfp Versand Anton Lindemann
Übersetzung: Winfried Schoofs

Diese Ausgabe erschien erstmals in niederländischer Sprache in "De VoetbalTrainer", einer Veröffentlichung von Uitgeverij Eisma bv, Postbus 340, 8901 BC Leeuwarden, Niederlande.

Einleitung

Oft wird die Frage gestellt, wie ein guter Jugendtrainingsplan aussehen sollte. Jugendabteilung und Trainer erwarten dann meistens ein fix und fertiges Muster. Aber so funktioniert das nicht. Man kann den Trainern nur raten, sich zunächst in aller Ruhe zusammenzusetzen und gemeinsam festzulegen, welche Ziele man anstrebt. Dazu sollten ganz einfache, aber deutliche Vereinbarungen getroffen und zu Papier gebracht werden. Wie geht man mit den Unterschieden zwischen Ligamannschaften und Freizeitmannschaften um? Sollte man einen talentierten jungen Spieler schon dann in einer höheren Klasse spielen lassen, sobald er die nötige Reife aufweist? Sind die Wettkämpfe ein Ziel oder nur ein Mittel zum Zweck? Wenn man sich für die letzte Alternative entscheidet, ist man dann auch bereit zu akzeptieren, daß man "gut" verlieren und "schlecht" gewinnen kann? Muß man mit Jugendmannschaften die Meisterschaft anstreben oder hat der Lernprozeß immer Vorrang? Um eines deutlich zu machen: Jugendspieler sollten mit dem Ziel auf den Platz geschickt werden, alles daranzusetzen, das Spiel auch zu gewinnen. Als Jugendtrainer hat man allerdings auch die Pflicht, das konkrete Spielergebnis nicht über alles zu stellen, sondern auch auf die Lernmomente bei den Spielern zu achten. Solche Punkte sind von den Trainern schriftlich festzuhalten. Das gleiche gilt für die technische Ausbildung. Schickt man die Jugendmannschaften mit dem Auftrag aufs Feld, nicht zu verlieren, oder sollen sie versuchen, ein Tor mehr als der Gegner zu erzielen? Diese Entscheidung ist maßgeblich für die gesamte weitere Arbeit des Trainers. Wenn man nur nicht verlieren will, läßt man nicht nur seine Mannschaft im Spiel so Fußball spielen, sondern trainiert man auch entsprechend.

Man muß sich demnach für eine bestimmte Richtung entscheiden und diese auch festlegen. Dadurch können Probleme während der Wettkampfsaison vermieden werden. Konflikte entstehen immer aus den gleichen Situationen; dann ist es gut, wenn man auf vorab klar formulierte Strategien zurückgreifen kann.

Als erwachsene Trainer neigen wir oft dazu, den Allerkleinsten in jeder Minute etwas beibringen zu wollen. Dabei sollten wir sie doch ganz einfach Fußball spielen lassen. Unsere einzige Verpflichtung in dieser Altersklasse liegt darin, dafür zu sorgen, daß sie immer Spaß am Fußballspiel haben. Dazu muß man sich in ihre Lebenswelt versetzen, mit ihnen herumtollen und ganz nebenbei Fußballsituationen schaffen, in denen sowohl die Talente als auch die weniger begabten Kicker voll auf ihre Kosten kommen.

Inhaltsangabe

1

Ausarbeitung eines Trainingsplans für zwölf Monate

Der Amateurverein DVS'33 besitzt einen beeindruckenden Sportkomplex mit vielen Trainings- und Fußballplätzen an der Sportlaan im niederländischen Ermelo. Ein relativ neues Vereinsgebäude unterstreicht die Ambitionen des Klubs. Der aus mehreren Etagen bestehende Komplex verfügt über eine Vielzahl von Umkleideräumen, Schiedsrichterräumen und Trainerbüros sowie über Räume für den Businessclub, den Vorstand und die Materialaufsicht.

Der Verein hat einen Technischen Koordinator, Jack van Santen, zu dem Zweck eingestellt, die Qualität der Ausbildung im Kinder- und Jugendfußball in Ermelo zu überwachen. Der Technische Koordinator arbeitet nicht mehr als Trainer für eine spezielle Mannschaft, sondern betreut individuelle Spieler, die Schwächen in einzelnen Bereichen zeigen. Darüber hinaus koordiniert er den jeweils für ein Spieljahr erstellten Jahresplan. Dadurch hat er die Möglichkeit, alle Mannschaften in jeder Altersklasse zu beobachten und deren Fortschritte zu verfolgen.

DVS'33 ist ein großer Amateurverein. Neben vierzehn Seniorenmannschaften gibt es zehn F-, zehn E-, sieben D-, fünf C-, zwei B- und drei A-Juniorenteams sowie eine Damen-Juniorenmannschaft. Jede Altersklasse hat einen qualifizierten Trainer, der für alle Mannschaften der jeweiligen Altersklasse verantwortlich ist. Daneben hat jedes Team einen Trainerassistenten. Außerdem gibt es natürlich auch noch spezielle Torhüter-Trainer. Ziel ist eine einheitliche Trainingspraxis für den gesamten Verein. Der Vereinsvorstand hat der Jugendarbeit für viele Jahre hohe Priorität eingeräumt. Dies ist wohl einer der Gründe für das stetige Wachstum des Vereins.

Der Jahresplan umfaßt sowohl technische wie organisatorische Aspekte und wird ständig aktualisiert. Im Laufe der Zeit ist so ein übersichtliches Werk mit einer einheitlichen Trainingspolitik entstanden.

Mit diesem Plan sollte auch aufgezeigt werden, daß die Trainer normalerweise auf der Grundlage ihrer eigenen Ideen statt nach dem harmonisierten Konzept arbeiteten. Die Trainer selbst wollten eine einheitlichere Herangehensweise. Sie brauchten jemanden in übergeordneter Stellung, der die Umsetzung des gemeinsamen Konzepts in den jeweiligen Trainingseinheiten überwachen sollte. Dies ist jetzt die Aufgabe des Technischen Koordinators.

Der Kooperationsgedanke bei allen Beteiligten ist sehr stark ausgeprägt. Die Kontakte zwischen den Trainern untereinander und innerhalb der ganzen Gruppe sind sehr gut. Der Technische Koordinator beobachtet die meisten Trainingseinheiten oder zumindest einzelne Übungen und fertigt Aufzeichnungen an. Diese Protokolle werden später mit den Trainern in einer entspannten und offenen Atmosphäre besprochen.

Im Rahmen des Jahresplans befassen sich die Trainer vor allem mit dem Aufbau des Trainingsprogramms für das gesamte Spieljahr. Die Tatsache, daß sich die Trainer nach diesem Plan richten müssen, bedeutet aber nicht, daß sie keinerlei Freiheiten mehr haben. Im Gegenteil. Alle Mannschaften trainieren zweimal in der Woche. Während des ersten Trainings sind die Vorgaben des Jahresplans maßgeblich. Das zweite Training dürfen die jeweiligen Trainer nach eigenen Vorstellungen gestalten, wobei zuvor natürlich bestimmte Absprachen in bezug auf Übungen gemacht wurden, die bei keinem Training fehlen dürfen. Im zweiten Training haben die Trainer aber vor allem die Möglichkeit, auf Probleme beim vorangegangenen Wettkampf einzugehen.

Wie ist dieser Plan zustande gekommen? Zunächst wurden bestimmte Ausgangspunkte für jede Altersklasse erarbeitet, um festzustellen, ob ein Spieler innerhalb seiner Altersgruppe genug gelernt hat. Diese Kriterien sind nun deutlich festgelegt und bestehen aus taktischen, technischen und allgemeinen Ausgangspunkten. Daneben werden auch der Charakter eines Spielers und seine Laufkoordination beurteilt. Natürlich werden diese Punkte gegebenenfalls ständig aktualisiert. Im Laufe der Saison setzt sich der Technische Koordinator mit den

Trainern zusammen an einen Tisch und wertet diese Punkte aus. Dabei steht das Interesse des einzelnen Spielers über den Interessen der Mannschaft, so daß Spieler in die nächsthöhere Mannschaft aufsteigen, sobald sie reif für diesen Schritt sind.

Für eine einheitliche Jugendausbildung sind die jeweiligen Ausgangspunkte der einzelnen Altersgruppen von Bedeutung. Die Umsetzung dieser Punkte erfordert zunächst eine deutliche Periodisierung. Für jede Altersklasse gibt es einen speziellen Jahresplan, der in vier Zeitabschnitte mit einer Dauer von insgesamt 40 Wochen unterteilt ist. Der erste Schwerpunkt ist dann zum Beispiel Dribbeln und Ballführung. Später kommen Passen und Torschuß, Ballannahme und Ballmitnahme, das Ausspielen des Gegners, das Drehen und Kappen hinzu. Während des Aufwärmens wird vor allem mit den sog. Wiel Coerver-Übungen gearbeitet. Jeder Trainer erhält hierfür ein Videoband mit diesem Übungsstoff. Innerhalb jedes Zeitabschnitts werden immer wieder andere Elemente behandelt. Bei DVS wird daneben auch auf die Laufkoordination viel Wert gelegt. Hierfür steht ein spezieller Lauftrainer zur Verfügung. Dieses Element wird vor allem im Rahmen des Aufwärmens eingesetzt.

Im Laufe des Spieljahres muß der Aufbau des Trainingsprogramms immer deutlicher werden. Die Trainer fertigen jede Woche sowohl vom ersten wie vom zweiten Training ein Protokoll an, das dem Technischen Koordinator ausgehändigt wird, der auf diese Weise erkennen kann, ob alles vereinbarungsgemäß verläuft. Der Technische Koordinator hat ein Archiv für jede Altersgruppe, in dem die Fortschritte der einzelnen Spieler im jeweiligen Spieljahr in Mappen dokumentiert werden.

Daneben werden viele Daten im Computer gespeichert und jede Woche aktualisiert. Verarbeitet werden auch die Ergebnisse der Fußballtests, die zweimal im Jahr abgehalten werden. Auf diese Weise können jederzeit Daten und Fortschritte aller Spieler aus allen Altersklassen abgerufen werden.

Für jede Altersklasse wurden Zielsetzungen zu Papier gebracht. So müssen die E- und F-Junioren den Umgang mit dem Ball erlernen, und zwar mit allen Teilen der Füße und in alle Richtungen. Dabei geht es vor allem um Grundlagenfähigkeiten. Im Laufe der Ausbildung werden diese Ziele spezifischer und komplexer.

DVS'33 bevorzugt ein 4-3-3-System auf allen Ebenen. Auch neue Trainer müssen sich an dieses Spielsystem halten. Bei der Auswahl eines Jugendtrainers werden bestimmte Kriterien zugrunde gelegt. So muß er für eine bestimmte Altersgruppe geeignet sein, die Arbeit mit dieser Altersgruppe wollen, die Sprache dieser Gruppe sprechen und sich darüber im klaren sein, daß ein F-Trainer genauso wichtig ist wie ein B-Trainer. Im Laufe der Wettkampfsaison werden regelmäßig verschiedene Fußballprüfungen und Auswahlspiele abgehalten. Der Trainerstab erhält danach Gelegenheit zur Teilnahme an einem Studiennachmittag.

Ein Teilbereich, der bei vielen Vereinen vernachlässigt wird, ist die Laufkoordination. DVS'33 sieht darin einen wichtigen Bestandteil der Aufwärmübungen. Lauf- und Koordinationstraining sind Trainingselemente, die nicht unterschätzt werden sollten. Außerdem machen die Spieler viele der Übungen auch gerne, zum Beispiel auf einem Slalom- oder Hüpfparcours. Und daß Lauftraining wirklich wichtig ist, sieht man daran, daß sogar Antrittsschnelligkeit nach Ansicht der Lauftrainer erlernbar ist.

Ein anderer Schwerpunkt innerhalb unserer Jugendabteilung ist das Torwarttraining. DVS'33 beschäftigt hierfür spezielle Torwarttrainer und plant den Einsatz eines Torwart-Koordinators.

Wie werden die Spieler eigentlich ausgewählt? Der Technische Koordinator und sein Trainerstab kennen die Spieler der einzelnen Mannschaften, sie haben sich aufgrund ihrer

Einige Hauptpunkte aus dem Jugend-Jahresplan von DVS'33

Die verschiedenen Altersgruppen erhalten alle ein eigenes Jahresprogramm, das jeweils in vier Zeitabschnitte eingeteilt ist. In jedem Jahresprogramm wird genau angegeben, wo die Trainingsschwerpunkte liegen.

Die F-Schüler befassen sich in Abschnitt 1 (September-Oktober) vor allem mit Dribbling und Tempodribbling. Diese Übungen werden in unterschiedlicher Form durchgeführt. Beim Aufwärmen greift man bei allen Mannschaften auf Wiel Coerver-Übungen zurück, während das Training immer mit einem Parteispiel abgeschlossen wird. Auch Passen und Schießen ist ein fester Bestandteil jedes Trainings.

Neben den festen Bestandteilen stehen für die F-Schüler in Abschnitt 2 (November-Dezember) das Annehmen und Kontrollieren des Balls im Mittelpunkt. In Abschnitt 3 (Januar-Februar) werden das Ausspielen des Gegners und Einzelaktionen eingeübt, während in Abschnitt 4 (März-April/Mai) das Kappen des Balls und die Mitnahme des Balls in der Drehung im Mittelpunkt stehen.

Die E-Schüler haben ein ähnliches Programm wie die F-Schüler. Nur werden in der letzten Phase die Schwerpunkte der vorangegangenen Abschnitte wiederholt.

Bei den D-Schülern beginnt man in Abschnitt 1 mit dem Spielaufbau vom Torhüter über die Verteidiger. In Abschnitt 2 geht es um das Zusammenspiel zwischen Abwehr und Mittelfeld. In Abschnitt 3 wird dies vertieft, wobei auch die Situation bei Ballverlust angesprochen wird: "den gefährlichsten Gegner suchen und abfangen". Im letzten Abschnitt werden die Situationen bei Ballverlust (Ball abjagen, Pressing) und Ballbesitz (Angriff über die Flügel) behandelt.

Bei den C-Junioren steht Abschnitt 1 im Zeichen des Stellungsspiels mit einem deutlichen Bezug zum Wettkampf. In Abschnitt 2 kommen Ballbesitz (Mann-mehr-Situation, wie 2:1 oder 3:2) und Ballverlust (Abfangen) hinzu. In Abschnitt 3 wird den C-Junioren beigebracht, auf Ballbesitz zu spielen und den Ball in den eigenen Reihen zu halten. Im letzten Zeitabschnitt wird die Ballbesitz- und Ballverlustsituation ausgebaut (anspielen von Anspielpunkten und Manndeckung, Rückendeckung oder Raumdeckung). In dieser Altersgruppe werden auch die Lauf-/Koordinationsübungen im Training wichtig.

Für die B-Junioren besteht Abschnitt 1 neben festen Elementen vor allem aus Positionsspielen. In Abschnitt 2 kehren noch einmal Ballbesitz (Mann-mehr-Situation, z.B. 4:3) und Ballverlust (Mann-weniger-Situation, z.B. 1:2 oder 2:3) zurück. In Abschnitt 3 werden viele Übungen durchgenommen, in denen den Spielern gezeigt wird, wie sie sich von ihrem Gegenspieler durch das "Spiel ohne Ball" lösen können. Auch das Umschalten von Ballverlust auf Ballbesitz kommt zur Sprache. Der letzte Abschnitt steht im Zeichen von Umschalten und Ballbesitz. Die Spieler müssen lernen, die Spielorganisation im Wettkampf aufrechtzuerhalten.

Die A-Junioren bekommen im ersten Abschnitt viele Positionsspiele. Abschnitt 2 wird von dem Spiel in einer festen Organisationsform (Dreiecke) geprägt. Daneben wird verstärkt darauf geachtet, bei Ballverlust doch Rückendeckung in 3:3- oder 4:4-Situationen zu geben. In Abschnitt 3 geht es um das Umschalten von Ballbesitz auf Ballverlust sowie um Zonendeckung. Im letzten Abschnitt werden Ballbesitz ("Dritter-Mann-Situation") und das Umschalten von Ballbesitz auf Ballverlust behandelt.

eigenen Beobachtungen und der Angaben in den Trainingsprotokollen eine Meinung über jeden einzelnen Spieler gebildet. Außerdem werden Auswahlwettkämpfe am Ende einer Saison gespielt, in denen die Spieler genauer beobachtet werden. Sichtungsformulare über jeden Spieler werden zweimal pro Jahr vom Übungsleiter oder Trainer aktualisiert. Die Formulare bekommt dann der Auswahltrainer der jeweiligen Altersklasse. Sie bilden vor allem die Grundlage für ein orientierendes Gespräch. Gegebenenfalls wird ein Spieler danach näher beobachtet.

Zeigt ein Spieler aus einer niedrigeren Mannschaft während einer Saison gute Leistungen, muß sein Trainer diese Information an den Auswahltrainer weiterleiten. Es findet ein Gespräch über diesen Spieler statt, der dann ein paarmal mit einer höheren Mannschaft mittrainiert. Erfüllt er die Erwartungen, kann er unter Umständen eine Klasse höher spielen. Vor allem bei Junioren muß aber vermieden werden, daß es zugeht wie im Taubenschlag. Schließlich handelt es sich bei den Spielern noch um Kinder, die ihre Freunde in einem bestimmten Team haben. Steigt ein Spieler auf, muß außerdem meistens ein anderer Spieler herabgestuft werden. Deshalb ist man bei DVS'33 an einer möglichst guten und stabilen Einteilung vor der Wettkampfsaison interessiert, auch wenn dies nicht immer gelingt.

Der Jahresplan hat großen Einfluß auf den Grad der Grundlagenfähigkeiten, auf Laufvermögen und Koordination. Wie in der Schule müssen die Spieler vor ihrer Versetzung in die höhere Klasse zunächst bestimmte Kriterien erfüllen. Durch die Verwendung dieser Kriterien als Grundlage kann man als Trainer mehr Zeit für Grundlagenfähigkeiten und taktische Entwicklung verwenden. Eine solche Arbeitsweise macht auch für die Spieler vieles leichter.

2

Das Aufwärmtraining

Vorbilder sind gute Lehrmeister. Sieht man sich am Wochenende die Jugendspieler vor dem Wettkampf an, hat dieses Sprichwort offenbar nichts an Gültigkeit verloren. Wie ihre Helden aus dem bezahlten Fußball laufen die Schüler zunächst geschlossen auf den Platz, absolvieren Dehnübungen und ein kurzes Positionsspiel und beenden ihre Vorbereitung mit ein paar schnellen Sprints quer über das Feld.

Bei den D-Schülern ist so ein Aufwärmen in körperlicher Hinsicht nicht wirklich notwendig. Es geht mehr um den Gewöhnungsaspekt, um eine bestimmte Form notwendiger Disziplin. Wenn man dies berücksichtigt, kann man das Aufwärmen auch intensivieren. Der Wettkampf selbst ist in dieser Altersklasse ja auch nur eine verschärfte Form des Trainings. Das Ergebnis selbst ist im Grunde völlig unwichtig. Warum sollte man dann nicht das Aufwärmen auch dazu nutzen, die Balltechnik zu verbessern? Gerade weil der Straßenfußball nahezu verschwunden ist, kann man für jede zusätzliche halbe Trainingsstunde nur dankbar sein. Diese Philosophie führt zu einer besonderen, ungewöhnlichen Form des Aufwärmens. Jeder Spieler kommt sowohl bei Heimspielen als auch bei Auswärtsspielen mit seinem eigenen Ball aufs Feld. Zu Beginn jeder Spielsaison bekommt jeder Spieler einen eigenen Ball, für den er das ganze Jahr über verantwortlich ist. So lernen die Spieler schon früh, sorgfältig mit dem Material umzugehen. Kann sich der Verein einen Ball für jeden Spieler nicht leisten, können sich auch drei Spieler zwei Bälle teilen. Oder einzelne Spieler bringen ihren eigenen Ball von zu Hause mit. Schließlich ist ein eigener Fußball doch genauso wichtig wie eine Sporthose oder gute Fußballschuhe.

Der Trainer steckt vor dem Aufwärmen mit Hütchen kleine Felder ab, in denen die Kinder sofort mit Wiel Coerver-Übungen beginnen. Mit diesen Übungen bekommen sie mehr Selbstvertrauen, weil sie merken, daß sie den Ball kontrollieren können. In jedem Abschnitt der Saison stehen dabei verschiedene neue Coerver-Techniken im Mittelpunkt, die nicht nur im Training, sondern auch beim Aufwärmen wiederholt, verbessert und perfektioniert werden. Außerdem sollten die jungen Spieler diese Techniken in ihrer Freizeit üben. Aber vor allem geht es darum, daß die Spieler diese Bewegungen auch im Wettkampf ausprobieren. Dies wird daher auch immer wieder von den Spielern verlangt. Wer mit so einer Basisbewegung nach Coerver eine gelungene Aktion macht, erhält ein dickes Lob vom Trainer. Gelingt die Bewegung nicht, wird der Spieler sofort motiviert, es noch einmal zu versuchen. Dies ist besonders wichtig.

Aber auch andere Elemente des Fußballspiels sollten in das Aufwärmen einbezogen werden. Je nach den Zielsetzungen in einem Saisonabschnitt und je nach Trainingsschwerpunkt zum Beispiel Doppelpässe, Kombinationen, lange Pässe, Kopfstöße und das Stellungsspiel. Ein zunehmendes Problem ist die körperliche Kondition der jungen Spieler. Mangelhafter Sportunterricht in der Schule, schlechte Eßgewohnheiten und ein allgemeiner Bewegungsmangel sind die bekannten Ursachen. Deshalb werden auch regelmäßig lauftechnische Elemente in das Aufwärmen einbezogen, etwa zur Erhöhung der Antrittsschnelligkeit, wobei auch oft mit dem Ball trainiert wird. Dies gilt nicht zuletzt auch für Beweglichkeitsübungen und sogar für das Stretching. Folgende Übungsformen eignen sich nicht nur für das Training, sondern auch für das Aufwärmen:

Erster Übungsblock
Schwerpunkt: Täuschbewegung mit dem Rücken zum Verteidiger und Ballkontrolle

Zweiter Übungsblock
Schwerpunkt: Ausspielen des Gegners und langer flacher oder hoher Paß

Dritter Übungsblock
Schwerpunkt: Täuschbewegung und Deckung verlassen

Vierter Übungsblock
Schwerpunkt: Grundtechniken und Paß mit der Innenseite vom Fuß

Fünfter Übungsblock
Schwerpunkt: Schnelle Beinarbeit und Dreieckspiel

Sechster Übungsblock
Schwerpunkt: Ausspielen des Gegners und Doppelpaß

Erster Übungsblock

Schwerpunkt: Täuschbewegung mit dem Rücken zum Verteidiger und Ballkontrolle

Täuschbewegung: Den Ball mit dem einen Fuß stoppen. Eine Schere mit dem anderen Fuß machen und den Ball mit der Außenseite des anderen Fußes mitnehmen.

Übung 1

Spieler A wirft den Ball zu Spieler B; Spieler A läuft dem Ball hinterher, Spieler B steht mit dem Rücken zum Hütchen (gedachter Verteidiger), nimmt den Ball sofort in die richtige Richtung mit, führt eine Täuschbewegung aus, dribbelt bis hinter das Hütchen und spielt den Paß auf Spieler C (anschließend dem Ball folgen).

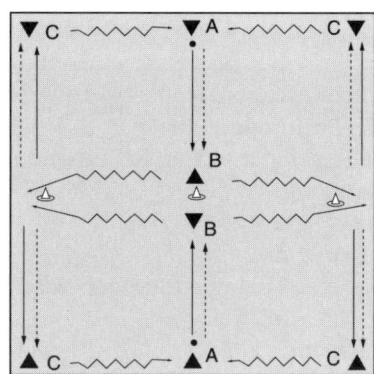

Täuschbewegung: Ball wegrollen und Schere.
Den Ball seitwärts wegrollen. Mit dem Fuß, mit dem der Ball weggerollt wurde, eine Scherenbewegung ausführen, und den Ball mit der Außenseite des anderen Fußes mitnehmen.

Übung 2

- Wie Übung 1, nur jetzt mit einer Täuschbewegung.
- Sowohl über die linke als auch über die rechte Seite üben.
Nach diesen Übungen folgt eine Serie Dehnübungen.

Übung 3

Täuschbewegung: Den Ball mit dem linken Fuß stoppen, den anderen Fuß vor den Ball bringen. Über den Ball steigen mit dem Fuß, mit dem zuvor der Ball gestoppt wurde, und den Ball mit der Außenseite des linken Fußes mitnehmen.
- Sowohl über die linke als auch über die rechte Seite üben.

Übung 4

Wie Übung 3, aber jetzt mit einer anderen Täuschbewegung.
Von außen nach innen über den Ball steigen. Mit demselben Bein einen Ausfallschritt ausführen und den Ball mit der Außenseite des anderen Fußes in die entgegengesetzte Richtung mitnehmen.
Nach dieser vierten Übung folgen einige dynamische Dehnübungen mit und ohne Ball.

Übung 5

Spieler A paßt
a. flach
b. hoch
auf Spieler B und folgt dem Ball.
Spieler B bringt den Ball unter Kontrolle und paßt auf den hineinlaufenden Spieler A. Spieler A legt Spieler B den Ball quer vor; dieser kontrolliert den Ball und schießt aufs Tor.
Spieler A erhält nach seinem Zuspiel den Auftrag, auf einen bestimmten Aspekt der Lauftechnik zu achten.

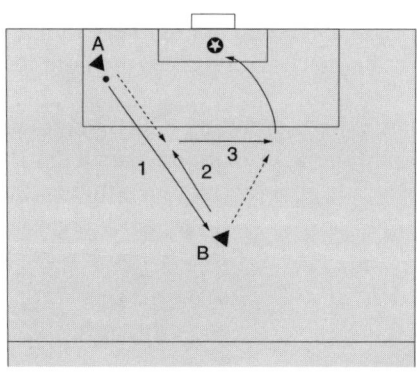

Zweiter Übungsblock

Schwerpunkt: Ausspielen des Gegners und langer
flacher oder hoher Paß

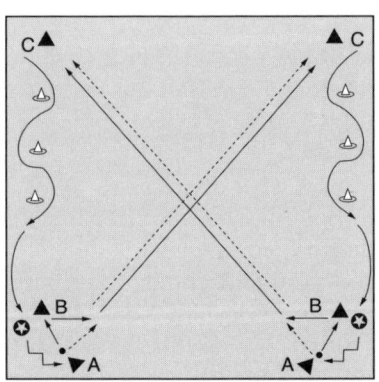

Übung 1

Spieler A spielt kurz auf Spieler B, der als
Anspielstation fungiert. Spieler B spielt den Ball
immer in den Lauf von Spieler A, der den Ball kon-
trolliert und anschließend einen langen flachen Paß
schlägt (diagonal zur gegenüberliegenden Seite).
Spieler C, der den langen Paß bekommt, spielt den
Ball nach der letzten Scherbewegung in die Hände des
Torhüters.

Übung 2

Dieselbe Übungsform, wobei jetzt aber die Scherbewegung durch die "Laudrup-Bewegung"
ersetzt wird.
Nach einer attackierenden Bewegung in Richtung des Gegners den Ball vor dem Körper
"mitschleppen" und anschließend losspurten.
Zur Stimulierung kann dabei mit einem Punktesystem gearbeitet werden.
Nach dieser Übung folgen wieder Dehnübungen.

Übung 3

Wieder dieselbe Übungsform, aber die Ausspielbewegung ist jetzt die "Rivellino-
Bewegung". Dribbeln mit dem rechten Fuß, mit dem linken Fuß über den Ball steigen, um
180 Grad um den linken Fuß drehen, den Ball mit dem rechten Fuß zurückstoßen. Danach
muß der Ball mit einem Spannstoß in die Hände des Torhüters gespielt werden.

Übung 4

Wie gehabt, nur ist die Ausspielbewegung jetzt die
Innenseitschere.
Ball flach links oder rechts vom Torhüter plazieren.
Jedes erzielte Tor zählt einen Punkt.

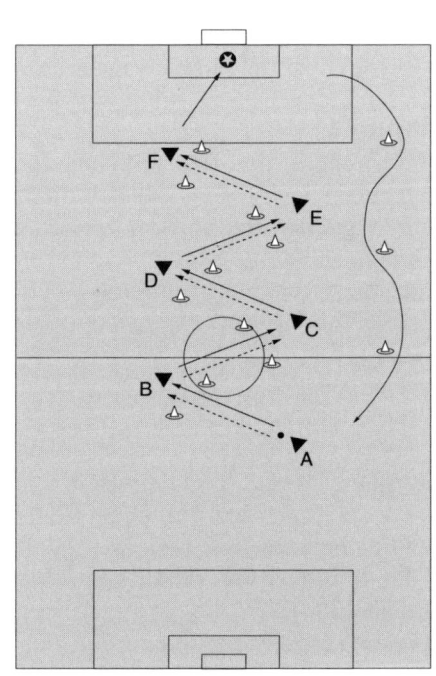

Übung 5

Passen und dem Ball folgen.
Spielt der Spieler den Ball durch die Hütchen hin-
durch ist dies ein Punkt.
Ballannahme und Tor sind ein Punkt.
Wer hat nach dem Aufwärmen die meisten Punkte?

Durch die Einführung eines Wettkampfelements
nimmt die Konzentration (auch ein Problem der heutigen Zeit) bei diesen jugendlichen Spielern zu.

Dritter Übungsblock

Schwerpunkt: Täuschbewegung und Deckung verlassen

Täuschbewegung: Abwechselnd links und rechts vortäuschen, den Ball nach innen kappen zu wollen. Stattdessen mit dem anderen Fuß von außen nach innen über den Ball steigen. Der Aspekt des Verlassens der Deckung kann hier bereits einbezogen werden, zum Beispiel indem derjenige, der den Ball bekommt, zunächst eine "Loslösungsbewegung" ausführt.

Übung 1

Spieler A paßt auf Spieler B und spielt einen passiven Verteidiger. Spieler B nimmt den Ball an und führt die angeordnete Täuschbewegung aus. Danach bekommt Spieler A einen Paß von Spieler C, der passiver Verteidiger ist.
Spieler A führt die angeordnete Täuschbewegung aus.

- Täuschbewegung über die rechte und die linke Seite ausführen.

Nach dieser Übung wieder verschiedene Dehnübungen.

Übung 2

Dieselbe Übungsform, nun aber mit einer anderen Täuschbewegung: Abwechselnd nach links und rechts steigen die Spieler über den Ball. Nachdem sie den Ball mit der Innenseite des anderen Fußes schräg nach vorne gespielt haben, nehmen sie den Ball mit der Außenseite des Fußes mit, nachdem in die andere Richtung der Übersteiger gemacht wurde.

- Täuschbewegung über die rechte und die linke Seite ausführen.

Übung 3

Spieler A dribbelt zum Hütchen und führt eine der beiden Täuschbewegungen aus; anschließend gibt Spieler A einen Paß auf Spieler B, der eine Vorwärtsbewegung gemacht hat. Spieler B legt den Ball zurück auf Spieler A, der den Links- oder Rechtsaußen durch einen Paß zur Seitenlinie anspielt. Dieser Spieler dribbelt zur Torauslinie und umspielt das Hütchen mit einer der zwei Täuschbewegungen, bevor er die Flanke schlägt. Spieler B läuft zum ersten Pfosten und schießt auf das Tor. Wird der Linksaußen angespielt, läuft der Rechtsaußen zum zweiten Pfosten und umgekehrt.

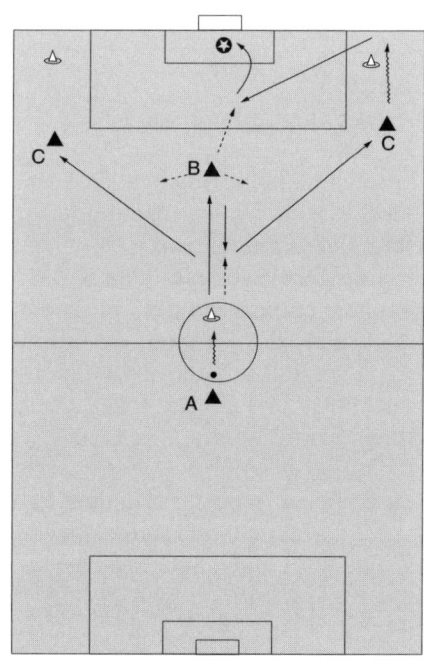

Vierter Übungsblock

Schwerpunkt: Basistechniken und Paß mit der Innenseite des Fußes

Basistechnik: Die Innenseite des Fußes hinter den Ball bringen und in eine andere Richtung wegdrehen.

Übung 1

Spieler A dribbelt bis zum Hütchen, führt die Basistechnik aus und versucht einen genauen Paß mit der Innenseite des Fußes durch die gespreizten Beine von Spieler B (1 Punkt).
Spieler C nimmt den Ball an, und die Übung beginnt von vorne.

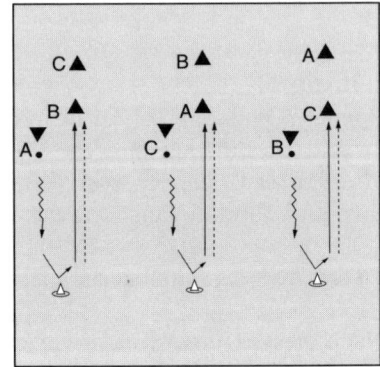

Anschließend eine andere Basistechnik einüben: Mit der Außenseite des Fußes den Ball in die andere Richtung kappen und mit der Außenseite desselben Fußes mitnehmen.

Übung 2

Wie Übung 1, aber jetzt stellt sich der zweite Spieler mit gespreizten Beinen auf der gegenüberliegenden Seite auf.

Basistechnik beim Hütchen: Die Außenseite des Fußes hinter den Ball bringen und in die andere Richtung wegdrehen.
Danach wieder eine andere Basistechnik: Den Ball mit der Fußsohle stoppen und nach einer schnellen Drehung mit demselben Fuß in die andere Richtung mitnehmen.

Anschließend wieder einige Dehnübungen.

Übung 3

Dieselbe Übungsform wie Übung 2.

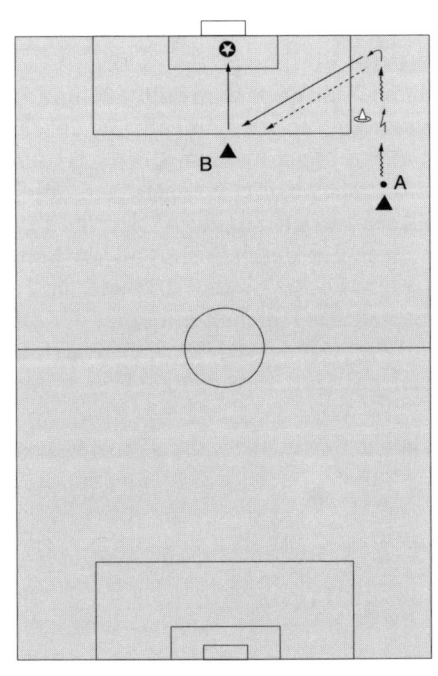

Basistechnik beim Hütchen: Den Ball mit der Fußsohle zurückholen und mit der Außenseite desselben Fußes mitnehmen.
Variante: Den Ball unter dem Körper hinter dem Standbein entlang mit der Innenseite des Fußes zurückspielen.
Oder: Den Ball mit der Fußsohle unter dem Körper zurückholen und mit der Innenseite desselben Fußes mitnehmen (V-Form).

- Zusätzlicher Aspekt: Nach dem Paß erhöht der Spieler das Tempo und muß dabei auf bestimmte Aspekte der Lauftechnik achten.

Fünfter Übungsblock

Schwerpunkt: Schnelle Beinarbeit und Dreieckspiel

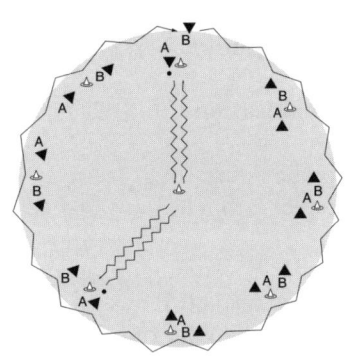

Organisation: Die Spieler stehen im Kreis.
Spieler A dribbelt zum Hütchen in der Mitte und zurück;
Spieler A benutzt dabei die Technik der schnellen Beinarbeit.
Spieler B dribbelt um den Kreis herum und führt
Ballübungen oder Körperübungen aus (evtl. auch schnelle
Beinarbeit).
Nach einer Runde Rollenwechsel.

Übung 1

a. Technik der schnellen Beinarbeit: Den Ball ein paarmal antippen und dann mit dem vorderen Teil der rechten Fußsohle unter den Körper hindurch mit einer schnellen Drehung zur anderen Seite spielen, den Ball direkt mit dem linken Fuß übernehmen, ein paarmal antippen und die Bewegung wiederholen ("Vanenburg-Bewegung").

b. Um den Kreis laufen, bei jedem Hütchen abstoppen und den Ball zehnmal schnell zwischen den Füßen hin und her spielen.

Übung 2

a. Technik der schnellen Beinarbeit: Den Ball mit der Innenseite des rechten Fußes hinter dem Standbein entlang schräg nach vorne spielen und mit einer schnellen Drehung mit der Innenseite desselben Fußes in die entgegengesetzte Richtung mitnehmen. Den Ball ein paarmal antippen, dann mit links stoppen und wieder mit der Innenseite rechts hinter dem Standbein entlang schräg nach vorne spielen.

Übung 3

a. Technik der schnellen Beinarbeit: Den Fuß über den Ball "schieben", mit der Innenseite desselben Fußes stoppen, mit einer schnellen Drehung den Ball mit der Sohle des anderen Fußes übernehmen, den Ball ein paarmal antippen in die andere Richtung und die Bewegung wiederholen.

b. Um den Kreis dribbeln, bei jedem Hütchen zehnmal Technik der schnellen Beinarbeit ausführen: Den Ball mit der Innenseite des Fußes auf die Innenseite des anderen Fußes abrollen, den Ball ein paarmal antippen und mit dem anderen Fuß wieder zurückrollen.

Übung 4

Pro 4er-Gruppe wird 3 gegen 1 gespielt. Wieviele Dreiecke können die 3er-Gruppen innerhalb einer Minute vollenden? Nach einer Minute Rollentausch.

Übung 5

Spieler A, B und C bilden ein Dreieck. Spieler A spielt den Ball auf Spieler C, dieser spielt anschließend auf Spieler B, der den Ball auf Spieler A weiterspielt.
Spieler A spielt den Ball dann auf Spieler C, der den Ball quer vorlegt für Spieler A, der den Torschuß versucht.

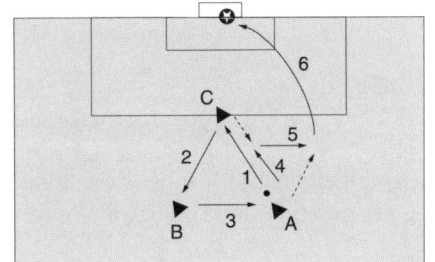

Sechster Übungsblock

Schwerpunkt: Ausspielen des Gegners und Doppelpaß

Organisation: Ein Ball für zwei Spieler.

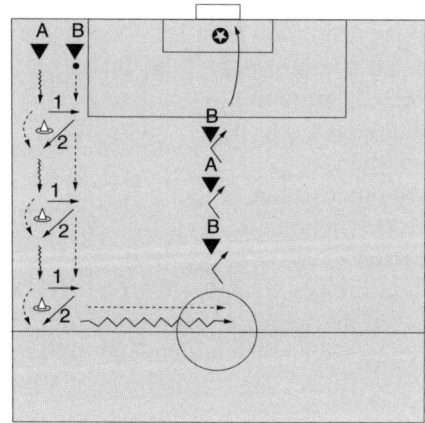

Spieler A verteidigt passiv;
Spieler B spielt A aus und schießt.

Spieler B verteidigt passiv;
Spieler A spielt B aus und schießt.
Wiederholen bis zum Ende des Circuits.

Am Spielfeldrand jeweils Doppelpaßspiel bis zum Hütchen, dann dribbeln ab der Mittellinie. Danach läuft Spieler A vorwärts, spielt Spieler B aus, der rückwärts läuft und passiv verteidigt; anschließend Rollentausch.

Übung 1
Doppelpaßspiel jeweils bis zum Hütchen mit Schwerpunkt: zum Verteidiger gehen, den ersten Paß quer, den zweiten Paß schräg.

Ausspielbewegung: Nach einer Schußfinte im letzten Moment mit dem vorderen Teil der Fußsohle den Ball unter dem Körper drehen und mit der Innenseite des anderen Fußes mitnehmen.

Übung 2
Doppelpaßspiel bis zum Hütchen mit Schwerpunkt: der zweite Mann bleibt hinter dem Ball.

Ausspielbewegung: Rivellino und Schere. Von außen nach innen über den Ball steigen, Schere zurück um oder über den Ball, den Ball mit der Außenseite des anderen Fußes in die entgegengesetzte Richtung mitnehmen.

Übung 3
Doppelpaßspiel jeweils bis zum Hütchen mit Schwerpunkt auf Genauigkeit (breiter zweiter Paß vor eine bestimmte Linie).

Ausspielbewegung: Der "Ausfallschritt". So tun, als ob man den Ball mit der Außenseite des Fußes mitnehmen würde, dann aber einen Ausfallschritt hinter dem Ball machen und den Ball mit der Außenseite des anderen Fußes in die andere Richtung mitnehmen.

Dehnübungen.

Übung 4
Doppelpaßspiel bis zum Hütchen mit Schwerpunkt: Temposteigerung.

Ausspielbewegung: "Doppelte Schere". Schnell mit dem linken und rechten Bein über den Ball steigen und den Ball explosiv mit der Außenseite des Fußes mitnehmen.

Übung 5

a. Spieler A schlägt langen Paß auf Spieler B. Spieler B kontrolliert den Ball. Anschließend Doppelpaß. Auch hierbei ist Punktezählung möglich.

b. Wie oben, aber nun darf der Unterstützungsspieler nicht im Abseits stehen. Rollentausch: einmal Verteidiger spielen, einmal langen Paß schlagen, einmal Rolle von Spieler B. Die zwei Spieler, die auf das Tor schießen, zählen ihre Punkte immer zusammen. Kann der Verteidiger den Ball erobern, erhält er einen Punkt.

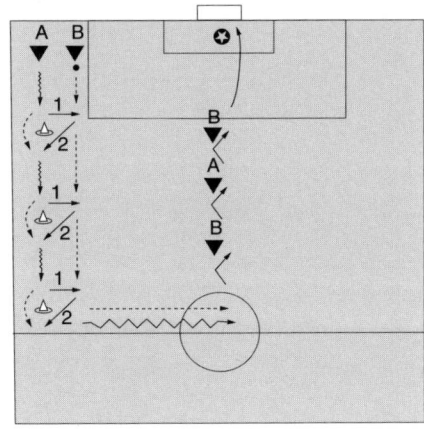

Schlußfolgerung

Als Trainer muß man selbst entscheiden, welche Übungsblöcke man wählt und wie oft. Dies hängt von der Trainingsplanung, aber auch von den Qualitäten der Gruppe ab. Festgestellt werden kann, daß ein langes Aufwärmen bei Jugendspielern zu deutlich verbesserten Balltechnik-Ergebnissen führt.

Während der Saisonvorbereitung sollte jedes Training mit Ball ausgeführt werden. Konditionstraining sollte dann nicht im Mittelpunkt stehen. Die Trainingsperiode in der Vorsaison eignet sich hervorragend zur Einübung und Perfektionierung von Spielmustern. In der Saison hat man als Trainer oft nicht die ganze Spielergruppe zur Verfügung, und will man auch auf bestimmte Punkte aus dem vorangegangenen Spiel näher eingehen. Einige Zeit ist allerdings auch für Koordinations- und Beweglichkeitsübungen zu reservieren. Sobald sich Gleichgewicht und Beweglichkeit der Spieler verbessern, wird man auch eine Verbesserung in der Balltechnik feststellen. Außerdem sind die Spieler dann weniger anfällig für Verletzungen.

ntegraler Bestandteil aller Trainingseinheiten sollten Positions- und Parteispiele unter Wettkampfbedingungen sein. Die einzelnen Spiele sollten dabei enden, sobald ein Team drei Tore erzielt hat. Ein Spielstand von 10:2 oder 7:1 ist demotivierend. Die Spieler hören dann auf, um jeden Meter zu kämpfen, und es tritt kein Lernerfolg mehr ein. Das gilt nicht nur für das siegreiche Team, sondern auch für die Verlierer.

Das 6-gegen-3-Positionsspiel mit drei Teams in verschiedenfarbigen Trikots wird in einem abgegrenzten Feld gespielt. Zwei der drei Gruppen sind die Angreifer, während die dritte Gruppe versucht, den Ball durch energische Abwehrarbeit zu erobern. Gelingt es den Verteidigern, den Ball zu bekommen, tauschen sie die Rolle mit dem Angriffsteam, das den Ball verloren hat.

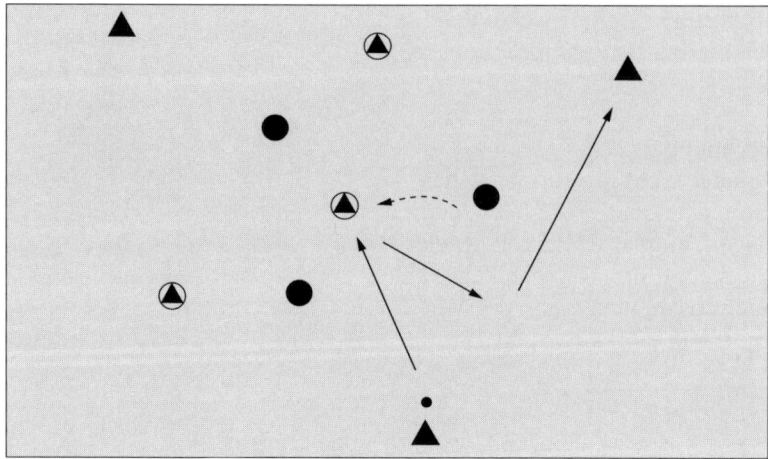

6 gegen 3-Positionsübung mit 3 Teams

Der wichtigste Aspekt dieser Übung ist, daß die Spieler das direkte Umschalten von Abwehr auf Angriff lernen. Die angreifende Mannschaft, die den Ball verliert, sollte nicht stehen bleiben, sondern versuchen, den Ball so schnell wie möglich zurückzuerobern. Als Trainer sollte man dieses Umschalten genau beobachten.

Gute Abwehrarbeit ist ganz wichtig. Wenn der Ball vom Fuß eines Verteidigers ins Aus springt, zählt dies als Ballverlust. Am Ende der Übung werden die Punkte zusammengezählt, um herauszufinden, welche Partei die meiste Zeit in der Mitte gestanden hat. Diese Gruppe erhält eine weitere Übung, zum Beispiel "Pferd und Reiter" bis zur anderen Seite des Spielfelds. Das hebt die Stimmung, vor allem bei den beiden siegreichen Teams.

In Positionsspielen von 6 gegen 3 oder sogar 8 gegen 4 oder 10 gegen 5 liegt der Schwerpunkt auf dem Umschalten von Abwehr auf Angriff beim Ballbesitzwechsel. Das schnelle Umschalten beim Ballverlust oder Ballgewinn ist ein Kernaspekt im modernen Fußball. Betont man in diesen Spielen zu stark die Arbeit der Angreifer, kann es vorkommen, daß die Verteidiger zu wenig motiviert sind und der Ball zu lange in den Angriffsgruppen zirkuliert. Um dies zu vermeiden, sollte man sich beim Coaching stärker mit der Aufgabe der Verteidiger befassen.

Das 6-gegen-3-Positionsspiel kann entweder in einem kleinen oder in einem großen Rechteck gespielt werden. Indem den Spielern jeweils nur zwei Ballkontakte hintereinander erlaubt werden, kann dabei der Schwierigkeitsgrad erhöht werden.

3

Ein Spielsystem für die Jugendausbildung

mit Sef Vergoossen

Ein Trainer, der seine Aufgabe ernst nimmt, steckt viel Zeit und Energie in die Ausarbeitung eines taktischen Konzepts. Der große Vorteil ist dabei, daß so ein schriftliches Konzept die Umsetzung einer einheitlichen Strategie im gesamten Verein erleichtert.

Ein solches Konzept sollte flexibel sein und es sollte regelmäßig den neuen Zielsetzungen des Vereins und den Entwicklungen im Fußball allgemein angepaßt werden.

Früher spielte die Jugend von MVV in Maastricht wie viele andere Jugendmannschaften in den Niederlanden auch 3-4-3 mit drei Verteidigern, einem rautenförmigen Mittelfeld und drei Stürmern. Unter anderem aufgrund von taktischen Entwicklungen im internationalen Fußball wurden bei MVV einschneidende Anpassungen beschlossen, vor allem für die Spieler in der Achse. Dabei wurde die Gelegenheit genutzt, das Basiskonzept, an das sich jeder Jugendtrainer strikt halten mußte, in allen Einzelheiten festzulegen und aufzuschreiben. Es handelt sich um eine Vorlage, die nicht umfassend kopiert werden muß, die für andere Trainer und Jugendleiter aber möglicherweise eine Quelle der Inspiration ist.

Von meinen Spielern erwarte ich zunächst, daß sie versuchen, möglichst häufig in Ballbesitz zu sein und zusammen Fußball zu spielen. Wenn dieses Prinzip begriffen wird, hat der Spieler auch den Mut, den Ball zur Abwehrreihe zurückzuspielen. Bälle werden dann nicht planlos nach vorne geschlagen, sondern an einen Mitspieler in der Nähe abgegeben.

Dies ist nur möglich, wenn Ruhe in der Mannschaft ist, und das ist wiederum nur dann der Fall, wenn die Spieler ihre Positionen nicht verlassen müssen.

Bei MVV gab es unter den Trainern auf der Grundlage dieser Erwägungen lange Diskussionen darüber, welches Spielsystem am besten geeignet sei. Die Frage könnte auch anders lauten: Welches System erfordert ungeachtet aller Umstände ein Minimum an Anpassung an den jeweiligen Gegner? Ich stelle diese Frage, weil ich die Jugendnationalmannschaft ein paarmal gesehen habe, und oft schon nach fünfzehn Minuten feststellen mußte, daß von den Spielern mehr als die Hälfte nicht mehr auf ihren besten Positionen spielte.

Letztlich haben wir uns für ein System entschieden, in dem die rechten und linken Außenverteidiger immer die beiden Flanken abdecken. Auf diese Weise wird vermieden, daß Spieler sich auf eine Position bewegen müssen, für die sie nicht geeignet sind, wie dies Richard Witschge in dem enttäuschenden Europameisterschaftsspiel gegen England 1996 passiert ist.

Spielt der Gegner mit drei Stürmern, sollte man eine Manndeckung in der Verteidigung wählen und die Deckungsaufgaben vorab strikt festlegen. Spielt die gegnerische Mannschaft mit zwei Sturmspitzen, läßt sich der defensive Mittelfeldspieler in die Abwehr zurückfallen. Der offensive zentrale Mittelfeldspieler muß sich dann ebenfalls zurückfallen lassen. Dies hat Konsequenzen für den jeweiligen Spielertyp, den man für diese beiden Positionen aus-wählt. In den meisten Jugendmannschaften von MVV haben wir drei Verteidiger und eine Rautenformation im Mittelfeld. Die Flügel wurden beibehalten. Durch gewonnene Zweikämpfe in einem abgegrenzten Raum, durch Überlappung und Kombinationsspiel läßt sich Fußball besser erlernen als durch ständige Sprints in den freien Raum.

Die Spielweise der Jugendteams sollte sich auszeichnen durch:

- attraktiven und effektiven Fußball auf der Grundlage guter technischer Fertigkeiten, eine optimale Wettkampfeinstellung und Konzentration der einzelnen Spieler und ein gutes Stellungsspiel;

- einen offensiven Charakter, indem der Gegner, wann immer dies möglich ist, vor allem in seiner eigenen Hälfte unter Druck gesetzt wird;

- den Willen, möglichst viele Tore zu schießen und möglichst wenig Gegentreffer zuzulassen.

Sollten die Umstände es nicht erlauben, Druck auf den Gegner auszuüben, etwa wenn das eigene Team durch einen sehr starken oder aggressiven Gegner selbst unter Druck gerät, muß die Spielweise zeitweilig oder sogar während des gesamten Wettkampfs kollektiv angepaßt werden.
In diesem Fall muß gemeinsam aus einer Position, bei der der Abwehrblock näher zum eigenen Tor verlagert wird, angegriffen werden. Man spielt dann als "Block" an der Mittellinie oder sogar in der eigenen Hälfte vor der Sechzehnmeterlinie.

Wird man auf die eigene Hälfte zurückgedrängt, bedeutet dies nicht, daß die Mannschaft unbedingt versucht,
- hinten dicht zu machen;
- auf Null-Null zu spielen;
- keine Risiken einzugehen.

Diese Einstellung wirkt bremsend auf die kreative Entwicklung von Jugendspielern. Kreativität ist eine unverzichtbare Eigenschaft, wenn man attraktiven Fußball spielen will.

Wenn sich die Mannschaft in einem Wettkampf zeitweilig zurückfallen lassen muß und dadurch die Initiative verloren geht, ist verstärkt auf Ballhalten zu spielen. Dadurch kann man wieder die Initiative im Spiel übernehmen und den Gegner wieder unter Druck setzen.

Grundvoraussetzungen
Wichtige Grundvoraussetzungen für jede Spielweise sind:
- eine kollektive Ausführung von ein und demselben Grundkonzept;

- ein enges Aufschließen der einzelnen Mannschaftsreihen;

- bei Ballbesitz im Aufbau Vermeidung von unnötigem Ballverlust, ohne sich hinreißen zu lassen, gefahrlos nur in die Breite zu spielen;

- gegenseitiges Coaching;
- den Ball und den Gegner immer und in jeder Situation im Blick zu haben;

- nicht den Ball zu fordern, wenn man nicht anspielbar ist oder keinen Kontakt zu Mitspielern hat;

- immer bereit zu sein, die Position des Mitspielers zu übernehmen;

- eine optimale Konzentration und Wettkampfeinstellung während des gesamten Wettkampfs.

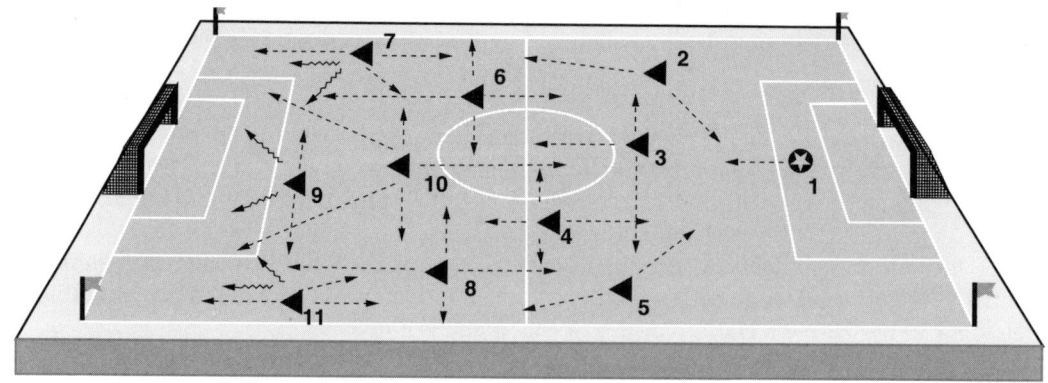

Abbildung 1

Grundformation (siehe Abb. 1)

Abwehr

Vier Spieler in der letzten Reihe mit zwei zentralen Verteidigern (Nummern 3 und 4), die in der Deckung spielen können, aber außerdem aufbauende Qualitäten haben und nachrücken können. Vorzugsweise ein links- und ein rechtsfüßiger Spieler.

Mögliche Varianten in der Verteidigungsreihe:

- Mann gegen Mann mit gegenseitiger Rückendeckung;

- mit einem vorgezogenen freien Verteidiger.

Gespielt wird Mann-/Raumdeckung in jeder Zone mit Übernehmen des Gegners.

Angriffsaufbau

Im Mittelfeld wird vorzugsweise mit drei Spielern gespielt, und zwar:

- mit zwei Unterstützungsspielern (Nummern 6 und 8), die sowohl in der Tiefe als auch kon-
  trollierend und taktisch stark spielen können. Diese Spieler müssen über ein großes
  Laufvermögen verfügen.

- mit einem eher offensiven Mittelfeldspieler, die sog. "verdeckte Spitze".

In der vordersten Reihe wird mit echten Außenstürmern und einem Mittelstürmer gespielt.
Die Nummern 7 und 11 können durch die Mitte oder über die Außen gehen. Sie müssen gute
Vorlagen geben können, aber auch selbst schießen können. Die Nummer 9 muß ballsicher
sein, wobei der Aktionsraum im Bereich des Sechzehnmeterraums des Gegners liegt.

Allgemeines

Die Zusammenstellung der Formation hängt von den Qualitäten und Möglichkeiten des eige-
nen Teams ab.
Berücksichtigt wird außerdem eine gute Feldbesetzung und ein gutes Gleichgewicht in der
Mannschaft.

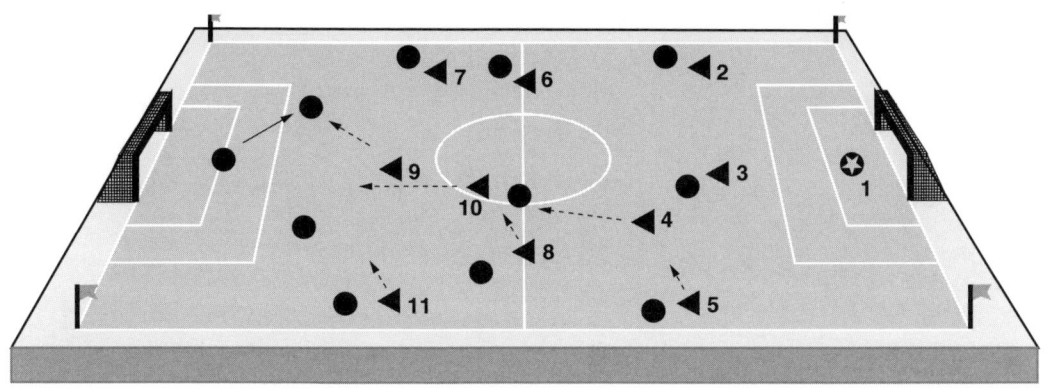

Abbildung 2

Abwehr im allgemeinen
Erforderlich ist ein konsequentes und kollektives Auftreten.

- das direkte Festsetzen erfolgt vor allem durch einen Abwehrblock in der Hälfte des Gegners;
- in bestimmten Phasen in einem Wettkampf, etwa am Anfang und am Ende der ersten und zweiten Spielhälfte, wird geschlossen hinter dem Ball gespielt und bei einem auf Verteidigung eingestellten Spielsystem Druck ausgeübt. Das geschieht durch die Festsetzung des Gegners an den Flanken und ein Nachrücken in die zentrale Achse (siehe Abb. 2 und 3).

Ungeachtet der Spieleinstellung gilt immer, daß:

- jeder Spieler im Moment des Ballverlustes direkt von Angriff auf Verteidigung umschaltet und direkt verteidigend mitdenkt und handelt;

- die Reihen dicht beieinander bleiben, wodurch die Kombinationsräume für den Gegner so eng wie möglich bleiben.

* Nach Klärung eines gegnerischen Angriffs schnell aufschließen, nach vorne verteidigen.

Abbildung 3

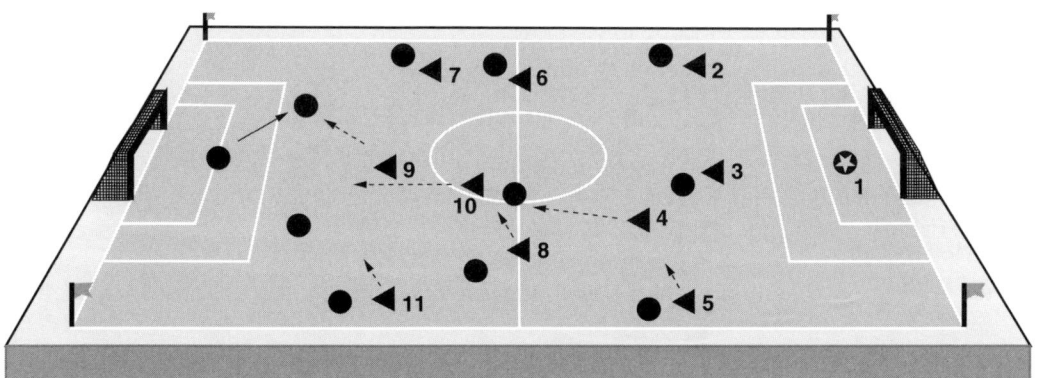

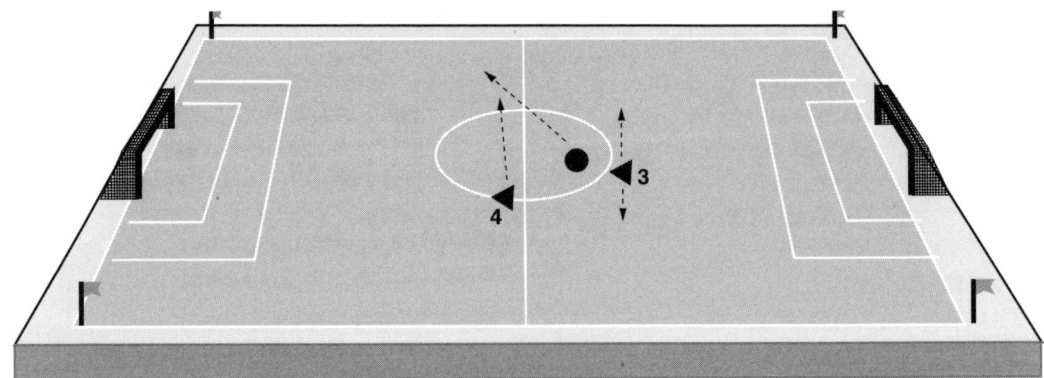

Abbildung 4

* Obwohl in der Zone Mann-/Raumdeckung angewendet wird, ist der direkte Gegenspieler in verschiedenen Situationen weiter zu decken:

- wenn keiner übernehmen kann;

- im Strafraum;

- bei gegnerischen Stürmern, die sich in die eigene Hälfte zurückfallen lassen und sich dort anbieten.

* Dabei ist immer zu gewährleisten, daß das Zentrum durch die Nummer 3 oder 4 besetzt ist (siehe Abb. 4).

Verteidigen bei Pressing-Fußball

* Der Abwehrblock steht in der Hälfte des Gegners.

* Bei Ballverlust direkt stören, also zum Ball hin verteidigen. Den Ballführenden unter Druck setzen.

* Kurze Anspielpunkte beim Gegner sofort eng decken.

* Die Reihen kurz beieinander halten, wodurch der Raum für gegnerisches Kombinationsspiel klein bleibt (sowohl in der Länge wie in der Breite).

* Die Gegenpartei so festsetzen, daß sie gezwungen wird, den Ball zur Seite zu spielen; dort anschließend den Ball durch ein Tackling erobern oder einen unter Druck zustande gekommenen Fehlpaß abfangen.

* In der Abwehrreihe kann die Abseitsfalle eingesetzt werden.

* Beim Spielen in der Hälfte des Gegners muß der Torhüter in Höhe der Sechzehnmeterlinie stehen, manchmal sogar noch weiter vorgeschoben.

* Festsetzen des Gegners bei Ballbesitz des Torhüters:
- Bewußt einen der Außenverteidiger anwerfen lassen, am besten den am wenigsten begabten, zum Beispiel den rechtsfüßigen Spieler auf links; anschließend heftig an der Innenseite
  attackieren, wodurch man den Verteidiger den Ball bewußt an der Linie entlang spielen
  läßt.
  Unter Druck kommt es dann zu einem Fehlpaß oder die Nummern 2 und 5 können direkt
  und hart in den Zweikampf einsteigen, weil sie bereits eng decken (siehe Abb. 2);
- Bewußt einen der zentralen Verteidiger an den Ball kommen lassen; anschließend in die
  zentrale Achse nachrücken (siehe Abb. 3)

* Gute gegenseitige Rückendeckung und ein ausgeprägtes Coaching sind bei Pressing-
  Fußball unerläßlich.

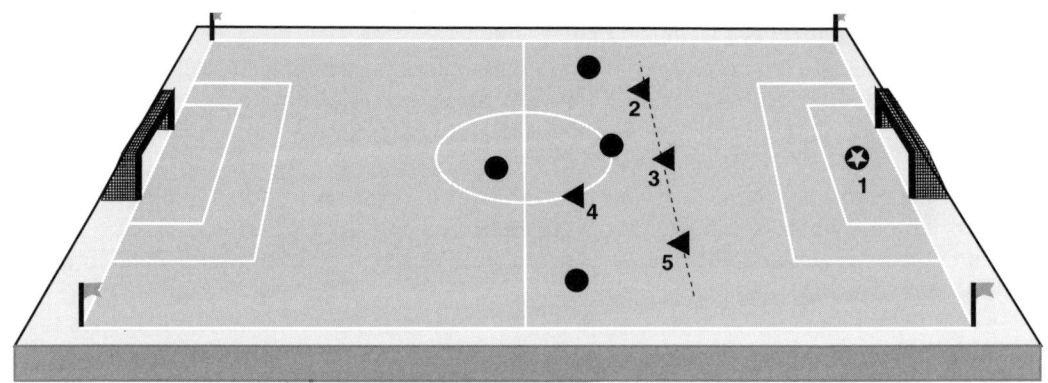

Abbildung 5

Verteidigen, wenn Pressing-Fußball nicht möglich ist

* Der Abwehrblock bzw. die hinterste Reihe steht dann
- an der Rückseite des Mittelkreises;
- vor dem eigenen Strafraum.

* Bei Ballverlust in der Hälfte des Gegners und beim Spielaufbau von hinten heraus durch
  die Gegenpartei diese so stören und durch Raumdeckung so zurückhalten, daß sie:
- nicht direkt einen langen Steilpaß spielen kann, sondern gezwungen wird, den Ball in die
  Breite zu spielen und das Spiel über die Außen aufzubauen;
- den Gegner nicht vorbeilassen (sich nicht austricksen lassen).

* Hierbei müssen die eigenen Flügelverteidiger (die Nummern 2 und 5) einander in diagona-
  ler Linie Rückendeckung geben (einscheren, siehe Abb. 5).

* Das Spiel verzögern, so daß die ganze Mannschaft hinter den Ball kommen kann.

* Zu vermeiden ist, daß die letzte Reihe sich zu schnell zurückfallen läßt, damit die Räume
  zwischen den Reihen nicht zu groß werden.

* Bei Ballverlust in Nähe der Mittellinie oder in der eigenen Spielhälfte gelten die verteidi-
  genden Aspekte des Pressing-Fußballs.

* Es muß immer versucht werden, die gegnerische Mannschaft so schnell wie möglich abzu-
  stoppen.

* Spielt der Gegner bei Ballbesitz in der eigenen Spielhälfte den Ball zurück auf die
  Abwehrreihe, sollte man schnell aufschließen und heftig attackieren. Der Gegner wird den
  Ball dann meistens hastig nach vorne schlagen, wodurch die Stürmer ins Abseits geraten.
Das Nach-vorne-Verteidigen der Mannschaft ist sehr wichtig. Zu beachten ist dabei:
- das Aufschließen der Reihen;
- das gegenseitige Coaching der Nummern 3 und 4;
- die richtige Einschätzung der Situation als Mannschaft/Reihe.

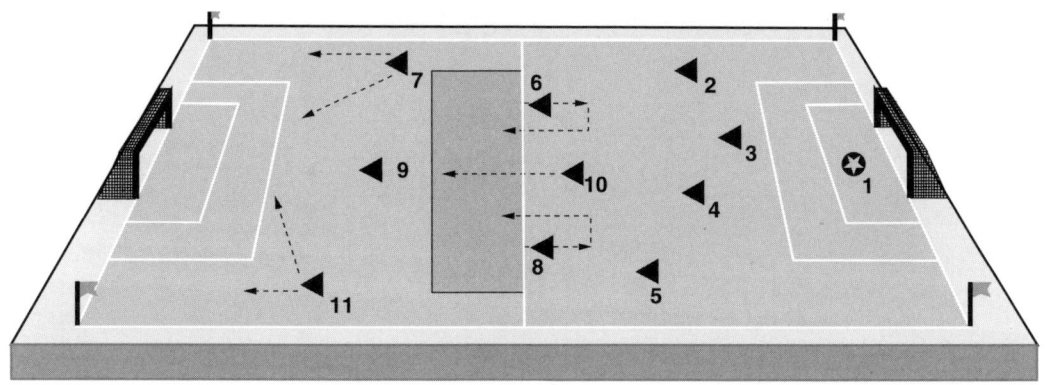

Abbildung 6

Aufbau

A. Bei Ballbesitz des Torhüters

Der Torhüter muß immer so schnell wie möglich:

* Über die gegnerischen Stürmer hinweg auf einen sich anbietenden Mittelfeldspieler oder einen sich nach hinten anbietenden Stürmer abwerfen. Er darf nie auf einen Mitspieler abwerfen, der einen Gegner im Rücken hat.

* Abwerfen auf den am besten freistehenden Verteidiger. Dabei stellen sich die zentralen Verteidiger (Nummern 3 und 4) im Verhältnis zueinander breit auf, der linksfüßige nach links und der rechtsfüßige nach rechts, während die Außenverteidiger (Nummer 2 und 5) an der Seitenlinie nach vorne aufrücken. Oder einer der zentralen Verteidiger rückt ins Mittelfeld auf und die Außenverteidiger bieten sich in der Breite an.

* Dies richtet sich danach, wie und mit wieviel Spielern die Gegenmannschaft den Spielaufbau stören will.

* Mit einem langen Abschlag die Sturmspitzen anspielen, wenn diese sich in einer Mann-gegen-Mann-Situation befinden. Wichtig sind hierbei die Positionen der Unterstützungsspieler (Nummern 6 und 8), die sich in Richtung der eigenen Verteidigung zurückfallen lassen, so daß sie bei Ballverlust genügend Raum haben, um den Ball zurück-zuerobern (siehe Abb. 6).

B. Bei Ballbesitz in der Verteidigungsreihe

* Zunächst muß versucht werden, die Sturmspitzen anzuspielen. Dabei darauf achten, daß die Mittelfeldspieler die Bahn zu den Spitzen frei lassen und nicht versperren.

* Wenn dies nicht möglich ist, muß ein gutes Stellungsspiel und eine schnelle Ballzirkulation über die Mittelfeldspieler und/oder einen aufschließenden zentralen Verteidiger aufgebaut werden.

* Es muß immer versucht werden, aus einer Überzahlsituation in der letzten Reihe zu einer

Gegenseitiges Coaching der Spieler

Für eine gute Ausführung des Konzepts sind ein gegenseitiges Coaching und eine gute Kommunikation zwischen den Spielern erforderlich. Deshalb sind bestimmte Zurufe vorab zu vereinbaren, z.B.:

Zeit: Der angespielte Spieler steht so frei, daß er selbst entscheiden kann, wie er weiterspielen will; er kann den Ball auf jeden Fall an-/mitnehmen.

Direkt: Der angespielte Spieler hat keine Möglichkeit, den Ball an- oder mitzunehmen und muß direkt abtropfen lassen.

Zurück: Der Spieler im Ballbesitz (vor allem auf Position 7 und 11) steht einer Überzahl gegenüber und muß umkehren oder zurückspielen.

Wechsel: Der Spieler im Ballbesitz (vor allem der in der Achse) muß zu der Seite wechseln, von der der Ball nicht kommt. Eventuell nützlich, wenn ein Spieler an der Seite diagonal/quer spielen muß. Indem man die Position angibt, zu der der Ball gespielt werden muß, wird es noch deutlicher.

Druck: Der Spieler, der am nächsten beim ballführenden Gegner ist, muß bis zum Gegner durchlaufen und diesen zwingen, in die Breite oder zurück zu spielen. Der Spieler darf sich nicht "austricksen" lassen.

Helfen: Bei Ballbesitz eines Spielers muß sich der Spieler in der Reihe dahinter deutlich, aber relativ weit hinter dem Ball anbieten, so daß der ballbesitzende Spieler eventuell zurückspielen kann.

Aufrücken: Wenn aus der Abwehr heraus ein Ball vorwärts gespielt wird, wobei schnell auf- und angeschlossen werden muß (evtl. für eine Abseitsfalle).

Halten: Der angespielte Spieler muß den Ball bei sich halten, obwohl er einen Gegner in seinem Rücken hat; er muß sich dann "stark" machen und den Ball abschirmen.

Laß' laufen: Der angespielte Spieler kann den Ball laufen lassen, so daß er sich schneller umdrehen kann und Tempo machen kann.

In die Mitte: Wenn der gegnerische Angriff über die andere Seite des Felds geführt wird, müssen die Spieler an der Seite des Felds, auf der sich der Ball nicht befindet, schräg nach innen einscheren, so daß sie einander Rückendeckung geben können.

Öffnen: Der angespielte Spieler muß den Ball so an-/mitnehmen, daß er einen möglichst großen Teil des Felds überblickt und auch den Paß in möglichst viele Richtungen schlagen kann.

Dranbleiben: Wenn ein Gegenspieler sich zurückbewegt, muß der Spieler ihn verfolgen, der in seiner Nähe steht.

Leo: Zuruf des Torhüters, wenn er findet, daß seine Spieler den Ball laufenlassen müssen.

Hier: Zuruf des Torhüters, wenn der Ball zurückgespielt werden muß, weil er nicht hinausläuft.

Geh 'ran: Zuruf des Torhüters, wenn er bei einem hohen Ball nicht hinausläuft, sondern die Spieler den Zweikampf (in der Luft) übernehmen müssen; eventuell in Kombination mit einem Namen.

Überzahlsituation im Mittelfeld zu gelangen, um anschließend die Spitzen in eine Mann-gegen-Mann-Situation zu bringen. Die Spitzen versuchen, durch eine Einzelaktion oder eine Kombination zum Abschluß zu gelangen.

* Das Feld muß groß gemacht werden, sowohl in der Länge als auch in der Breite. Die Außenverteidiger (Nummern 2 und 5) und die Außenstürmer (Nummern 7 und 11) stehen an der Seitenlinie.

* Immer Situationen schaffen, in denen ein Dreieckspiel möglich ist (mehrere Abspielmöglichkeiten). Dabei geht Spielen in die Tiefe vor Spielen in die Breite.

* Möglichst versuchen, den dritten Mann anzuspielen.

* Im Aufbauspiel ist Ballverlust zu vermeiden, ohne in risikolosen Fußball in die Breite zu verfallen.

* Schnell von hinten aus aufschließen, so daß sich die Reihen bei möglichem Ballverlust wieder eng beieinander befinden.

* Der ballbesitzende Mitspieler muß bei einer Einzelaktion Rückendeckung erhalten (zum Beispiel unterstützt Nummer 8 Nummer 11 bei einer Aktion).

Angriff im allgemeinen

* Schnelles Kombinationsspiel, ein oder zwei Ballkontakte.

* Abwechselnd kurzes/langes Spiel.

* Dosierte, zielgerichtete Spielzüge, Aktionen mit einem Hintergedanken.

* In dem Moment, in dem die Mannschaft in Ballbesitz kommt, muß jeder Spieler direkt mitdenken und aufbauend/angreifend handeln, ohne dabei die Konsequenzen für die Abwehr aus dem Auge zu verlieren.

* Im Prinzip kann sich jeder Feldspieler im richtigen Moment am Angriff beteiligen, sofern die Positionen übernommen werden und im Verteidigungsbereich eine Mann-gegen-Mann-Situation gewährleistet bleibt.

* Angreifen heißt auch, den Ball im Mittelfeld erobern und anschließend schnell auf die Spitzen weiterleiten. Dies ist vom Gegner nicht zu korrigieren, weil er sich in einer Vorwärtsbewegung befindet.

Angriff bei Pressing-Fußball

* Bei dieser Spielweise wird die Gegenpartei in die Defensive gedrängt, wobei sich der größte Teil der gegnerischen Spieler hinter dem Ball befinden wird. Dadurch wird der Raum für Kombinationen klein.

* Technisch versierte Spieler, die durch eine Einzelaktion bis zur Torauslinie vordringen, sind eigentlich Voraussetzung für diese Spielweise.

* Kurzes, geradliniges und sehr sauber ausgeführtes Zusammenspiel, Doppelpässe, Anspiel des dritten Mannes und in die Breite oder nach hinten gespielte Bälle auf nachrückende Mitspieler aus der zweiten Reihe können für Tormöglichkeiten beim Angriffsspiel durch die Mitte sorgen.

* Effektiver ist das Angriffsspiel über die Seiten, weil dort mehr Raum ist. Dabei muß versucht werden, zur Torauslinie innerhalb des Sechzehnmeterraums vorzustoßen, und zwar durch:
- kurze Steilpässe auf Mitspieler, die von außen oder von der Mitte aus vorstoßen;
- Doppelpässe von der Seite aus;
- Einzelaktionen.

Aus diesen Situationen Tormöglichkeiten schaffen durch:

- zurückgelegte Bälle auf vorstoßende Mitspieler;
- scharf hereingegebene Bälle auf einen Mitspieler, der zum ersten Pfosten läuft;
- Vorlagen zum zweiten Pfosten. Die Absprache lautet: Wenn der Ball an der Seite frei liegt, kommt die Vorlage, mit der die Spitzen rechnen.
* Lange, hohe Flanken in den dichtbesetzten Torbereich von der Seitenlinie in Höhe der Mittellinie aus bringen im allgemeinen nicht viel ein. Hier ist die Besetzung der zweiten Reihe sehr wichtig.

* Um einen massiven Abwehrblock aufzubrechen, müssen viele Spielverlagerungen von dem einen zum anderen Flügel stattfinden. Ist ein Durchbruch an der einen Seite nicht möglich, spielt man über das Mittelfeld zurück zur anderen Seite.

* Die schnelle Ausführung von Gegenzügen ist ebenfalls Voraussetzung für eine gute Ausführung des Pressings.

Angriff, wenn Pressing-Fußball nicht möglich ist

* Sofort nach der Balleroberung so schnell wie möglich einen Steilpaß auf einen in den Raum hinter der letzten Reihe hineinsprintenden Mitspieler schlagen, der anschließend selbst auf dem kürzesten Wege zum Tor geht, um selbst zu schießen oder einen Mitspieler im richtigen Moment in Schußposition zu bringen.

* Hat ein im freien Raum angespielter Spieler keine Möglichkeit, selbst durchzubrechen oder einen Mitspieler in Schußposition anzuspielen, muß er den Ball halten, bis nachrückende Mitspieler anspielbar sind.

* Im Prinzip kann der Spieler, der durch Ballabnahme oder Abfangen eines Passes in Ballbesitz gelangt, selbst am Angriffsspielzug teilnehmen.

Wichtige Voraussetzungen sind:
- schnelles Umschalten von Abwehr auf Angriff;
- mehrere Spieler gehen mit in den Angriff; mehrere Abspielmöglichkeiten;
- den Ball schnell und sehr sauber spielen, vor allem den langen Paß;
- schnell von hinten aufschließen;
- die Abwehrorganisation beibehalten und bei Ballbesitz weiterhin defensiv denken.

Das Spielen auf Ballhalten

* Es gibt Wettkampfmomente, in denen es ratsam ist, den Ball in den eigenen Reihen zu halten und möglichst wenig Ballverluste hinzunehmen.

Beispiele für solche Situationen sind:
- wenn der Gegner aufgrund eines vorübergehenden Einbruchs der eigenen Mannschaft die Initiative übernimmt;
- Wettkampfperioden, in denen der Spielstand gehalten werden muß, etwa kurz vor der Pause oder kurz vor Ende des Spiels;
- wenn die Spieler müde werden.

* Für eine gute diesbezügliche Ausführung ist erforderlich:
- eine maximale Konzentration, Spieldisziplin und ständige Beweglichkeit des gesamten Teams;
- das Vermeiden jedes Risikos durch unnötige Einzelaktionen oder technische Tricks;
- den Ball möglichst in der Hälfte des Gegners laufen zu lassen.

* Das Spiel auf Ballhalten ist nur ein zeitweiliges Mittel und darf nie zum Ziel des Wettkampfs erhoben werden.

* Das Spiel auf Ballhalten hat vor allem im Mittelfeld und in der vordersten Reihe zu erfolgen; in der Abwehrreihe ist es auf Dauer zu gefährlich.

Organisation und Ausführung der Abseitsfalle

Es gibt drei Möglichkeiten:
1. Bei Standardsituationen:
- Freistöße des Gegners von hinten oder von der Seite aus;
- Abschlag oder Handabwurf durch den Torhüter der Gegenpartei.

2. Beim Klären gefährlicher Situationen vor dem eigenen Tor, nach Eckstößen, Freistößen
   oder Flanken.

Bekommt dabei ein Gegenspieler den Ball, muß dieser von dem Spieler, der sich am nächsten zum Ball befindet, stark attackiert werden. Wichtig ist hierbei, daß man sich nicht ausspielen läßt.

3. Bei Ballbesitz der Gegenpartei.

Voraussetzungen sind hierbei:
- eine eingespielte Abwehr muß gute technische Qualitäten haben;
- der ballbesitzende gegnerische Spieler muß unter Druck stehen, so daß ein genauer Paß
  nicht möglich ist.

Die Abseitsfalle darf nicht ständig, sondern nur ab und zu angewandt werden, weil der Gegner sich sonst darauf einstellen kann und Gegenmaßnahmen ergreifen kann.

Je nach Situation übernimmt einer der Verteidiger hierbei die Führung und Initiative. Er gibt dazu seinen Mitspielern kurze, zuvor vereinbarte Zeichen.

4

Wie ein Lehrplan für Jugendtorhüter aussehen sollte

mit Frans Hoek

Jugendtorhüter haben ein Recht auf eine spezielle Ausbildung, aber in vielen Jugendabteilungen gibt es kein Spezialtraining für Torhüter im Rahmen ihres Ausbildungsplans. Bei den Allerkleinsten ist dies durchaus vernünftig. In der F-Jugend sollte man wirklich noch keine Kinder an die feste Position im Tor binden. Besser ist hier der Weg, die Torwartposition häufiger zu wechseln und den jungen Talenten den Auftrag zu erteilen, auch als Torhüter mit Fußball zu spielen. Dies ist schließlich auch eine wichtige Eigenschaft für einen Torhüter im modernen Fußball. Ab dem zweiten Jahr der E-Altersklasse oder ab der D-Gruppe ist eine spezielle Ausbildung schon eher angebracht. Dies ist am besten anhand eines Jugendtorhüterlehrplans zu gewährleisten, der in die gesamte Betreuung und Ausbildung von Torhütern innerhalb eines Vereins einzubinden ist. Der rote Faden von der D-Torhüter-Ausbildung bis zu den Anforderungen an einen Torhüter in der ersten Mannschaft sollte innerhalb eines Vereins immer sichtbar sein, und zwar auch bei Amateurklubs.

Ein Jugendtorhüterlehrplan muß der Leitfaden für einen Verein sein, um die Ausbildung von Jugendtorhütern optimal verlaufen zu lassen. Dabei ist die schriftliche Ausarbeitung eines solchen Plans natürlich wichtig, aber vor allem kommt es auf die praktische Umsetzung der Ideen an. In diesem Kapitel möchte ich anhand verschiedener Beispiele aufzeigen, wie ein Jugendtorhüterlehrplan meiner Meinung nach ausgearbeitet werden kann und wie Trainer am besten zusammenarbeiten können, um zu einem guten Ergebnis zu gelangen.

Zielsetzung

Schüler auf dem Gymnasium wissen von Anfang an, welche Anforderungen sie bis zum Abiturzeugnis erfüllen müssen. Diese Situation läßt sich auch auf die Ausbildung von Torhütern übertragen. Schon den zehnjährigen Torhütern sollte klar sein, was sie lernen müssen, wenn sie noch bei den Senioren im Tor stehen wollen. Das ist schließlich das Ziel, auf das alle jungen Torhüter hinarbeiten. Also muß man in einen Jugendtorhüterlehrplan schon detailliert auf die Anforderungen eingehen, die an die Torhüter bei den Senioren gestellt werden. Ein Torhüter muß umfassend ausgebildet werden, damit er auf die verschiedenen Spielstile und -systeme vorbereitet ist. Ein Lehrplan muß also die Elemente erläutern, die von einem guten Torhüter später erwartet werden. Erst dann sollten die davon abgeleiteten Zielsetzungen für die Ausbildung der Jugendtorhüter formuliert werden.

Situationen

In einem guten Lehrplan für Jugendtorhüter wird auch genau beschrieben, was von einem Torhüter erwartet werden darf. Eine Art Aufgaben- und Funktionsbeschreibung also. Diese Umschreibung bildet die Grundlage für die Festlegung des Übungsstoffs und für den Inhalt der Auswertung und Beurteilung.

Was ist die Hauptaufgabe eines Torhüters? Er muß sowohl technisch als auch von seinem Verständnis und seiner Spielintelligenz her in der Lage sein, Fußball- und Torhüterprobleme zu lösen oder durch Coaching seiner Mitspieler bzw. durch ein gutes Stellungsspiel zu vermeiden. Vor allem auf diesen letzten Aspekt wird bei der Ausbildung und Betreuung von Jugendtorhütern oft zu wenig Wert gelegt. Ausgehend von diesen Hauptaufgaben sind in einem Jugendlehrplan die Hauptelemente eines Wettkampfs speziell für Torhüter auszuarbeiten. Es geht dann um die folgenden Situationen:

I. Ballbesitz der gegnerischen Mannschaft

Ziel: Gegentreffer verhindern durch Coaching, organisieren, dirigieren bzw. Stellungsspiel bzw. adäquates Eingreifen bei tiefen Bällen, Flanken, Zweikämpfen und Torschüssen. Dies gilt sowohl für Spielsituationen als auch für Standardsituationen.

II. Ballbesitz der eigenen Mannschaft

A. Ballbesitz des Torhüters

Ziel: Die Chance auf den Sieg so groß wie möglich machen, indem der Wettkampf richtig interpretiert wird (Spielintelligenz). Das bedeutet, daß der Torhüter versuchen muß, möglichst den Ballbesitz der eigenen Mannschaft zu erhalten und die Chance auf einen Treffer der eigenen Mannschaft so groß wie möglich zu machen. Zur Erreichung dieses Ziels muß der Torhüter folgende Techniken beherrschen:

* Wenn sich der Ball in den Händen des Torhüters befindet:
- Werfen;
- Schuß aus der Hand;
- Rollen bzw. Schießen
(mindestens einseitig, besser beidseitig).

* Rückspielball (sowohl links als rechts).

* Standardsituationen:
- Abstoß;
- Freistoß.

B. Mitspieler im Ballbesitz
Die Zielsetzung für den Torhüter lautet dann, daß er anspielbar sein muß und bei Ballverlust immer bereit sein muß einzugreifen. Das ist nur möglich, wenn der Torhüter die Wettkampfsituation richtig einschätzen kann und adäquat Regie führen kann.

III. Umschalten
Ziel: Höchste Aufmerksamkeit (in bezug auf eigene Haltung, Eingreifen und Coaching).

Selbstverständlich spielen auch korperliche und mentale Aspekte bei der Verwirklichung dieser Zielsetzungen eine Rolle. Körperliche Elemente sind Schnelligkeit, Kraft, Koordination, Beweglichkeit und Ausdauer. Wichtige mentale Aspekte sind: Persönlichkeit, (Selbst-)Vertrauen, Reaktionsschnelligkeit, Gewinnermentalität, Teambewußtsein, Trainierbarkeit, Konzentration, Flexibilität, Schnelligkeit im Denken, Kenntnis und Anwendung der Spielregeln, Belastbarkeit (Umgang mit Streß), Selbstsicherheit, Selbstkritik und Ausstrahlung.Diese Aspekte sind zu unterscheiden, aber bei der Arbeit des Torhüters nie voneinander zu trennen.

Jugendtorhüterlehrplan (Beispiel D-Jugend)
altersspezifische Merkmale
Physische Merkmale
Motorische Merkmale
Psychische Merkmale
Leistung/Motivation
- gut gebaut
- ideale Proportionen
- ideal
- gute Koordination
- lernt schnell
- ideal
- soziales Bewußtsein
- Kritik an der eigenen Leistung und der von anderen
- Leistungsvergleich
- nachahmen von Idolen

Jugendtorhüterlehrplan (Beispiel D-Jugend)

Technik	Spielverständnis	Coachen, Organisieren und Dirigieren
ohne Ball	**gegnerische Mannschaft im Angriff**	**Torhüter und Feldspieler im Ballbesitz**
- Beinarbeit - Stellung ändern im und vorm Tor - Starten, Laufen, Sprinten, Drehen und Wenden in alle Richtungen - Springen	- Position und Stellungsspiel bei Torschüssen - Abfangen von Steilpässen (innerhalb und außerhalb des Strafraums) - Zweikampf 1 gegen 1	1. Ball zum Mitspieler, Mitspieler vorab warnen 2. Spieler in den freien Raum schicken, um ihn anzuspielen - nach dem Spielen des Balls aufschließen - 1 gegen 1 in der Abwehrreihe
mit Ball	**Spielsituationen**	**Ballverlust des Gegners**
- Ausgangsstellung einnehmen - Ausgangsstellungen - Fangen - Ball greifen - mit den Händen unten fangen - Stoppen mit Bauch/Brust - mit den Händen oben fangen Den Ball bei diesen Übungen auf den Körper spielen oder links bzw. rechts seitlich vom Körper - Fallen und nach unten hechten - Zweikampf - Spielerfertigkeiten außerhalb des Strafraums und die Rückgabe	- Position bei Ballbesitz des Gegners	Zusammenarbeit zwischen Torhüter und Feldspielern, wenn sich der Ball zwischen beiden befindet. Gebräuchliche Formeln: - "Leo" - Ball für den Torhüter - "Du" - Ball für den Spieler - "Zeit" - Spieler hat Zeit - "Weg" - Spieler muß Ball wegschießen - "Nicht zurück" - Spieler darf nicht zurückspielen - "nach vorne" - Spieler muß den Ball nach vorne spielen

Alle diese Elemente sind in Bezug zu setzen mit der Realität der Wettkampfsituation in dieser Altersklasse.
- Torschüsse
- Zweikämpfe
- lange Steilpässe
- Rückgaben

Aufbau eines Lehrplans für Jugendtorhüter

Soweit eine Übersicht über den allgemeinen Rahmen eines Lehrplans. Die Frage ist, wie diese Ziele in bezug auf die Jugendausbildung konkretisiert werden können. Diese Frage führt gleich zur nächsten Frage, nämlich wann man mit einem spezifischen Torhütertraining und demnach einem "festen" Torhüter beginnen sollte. Bei vielen Vereinen wird dies heftig diskutiert. Persönlich finde ich, daß Spieler im Alter von etwa 10 Jahren langsam aber sicher an die Aufgabe als "fester" Torhüter herangeführt werden sollten. In der Altersklasse zwischen 6 und 10 Jahren ist es ratsam, jeden einmal auf der Position des Torhüters spielen zu lassen. Der Lehrplan sollte etwa bei der D-Jugend beginnen. Ein konkretes Beispiel für den Beginn eines Lehrplans für 10- bis 12jährige (D-Jugend) finden Sie am Ende dieses Kapitels in Form eines Schemas.

Auch bei anderen Altersklassen greife ich auf diesen Aufbau zurück. Zunächst gebe ich Informationen über die altersspezifischen Merkmale. Danach teile ich die gewünschten Fertigkeiten des Torhüters dieses Alters in Technik, Verständnis (Spielintelligenz) und Kommunikation (Coaching, organisieren und dirigieren) ein. Schließlich setze ich die Ziele der Altersklasse in Trainingssituationen und die tägliche Praxis bei dem Verein um (Trainingsfrequenz, Torwart- und Spielertraining und Zahl der Wettkämpfe).

Ratsam ist, daneben verschiedene Grundprinzipien festzulegen. So kann man an der Basis mit einem allgemeinen Aufbau und einer allgemeinen Formation beginnen, wobei man natürlich den einzelnen im Auge behält. Erst in einem viel späteren Alter wird die Ausbildung viel spezifischer und individueller sein müssen. Wie soll man mit weniger talentierten Torhütern umgehen? Werden das biologische Alter und das kalendarische Alter der jungen Torhüter genügend berücksichtigt?

Ein anderer wichtiger Ausgangspunkt ist, daß die jüngsten Torhüter noch viele Fehler machen dürfen. Je älter die Spieler werden, desto weniger Fehler dürfen sie sich erlauben. Letzten Endes sollten sie, zumindest in entscheidenden Momenten, möglichst fehlerfrei sein. Ganz ausschalten lassen sich Torwartfehler allerdings nie!

Jugendtorhüterlehrplan (Beispiel D-Jugend)

Alterszielsetzungen	akzentuiert in den folgenden Trainingsformen	
	Übungs-/Wettkampfformen	Spiel-/Parteiformen
- Die genannten technischen Fertigkeiten im Rahmen der Anforderungen an einen Torhüter vermitteln und entwickeln.	- Viele Formen in einer möglichst einfachen Trainingssituation.	Torhüterspielformen (5-m-Tore oder große Tore): - 1 gegen 1 mit Schüssen ("Krieg") - 1 gegen 1 im Zweikampf
- Die technischen Fertigkeiten so weit und so schnell wie möglich an das Spielverständnis koppeln. Bei diesen Formen liegt die Betonung auf: technische Reife/Entwicklung. Anm.: Links/rechts-Entwicklung sowohl beim Springen als auch beim Abstoßen und Werfen.		- 1 gegen 1 ("Mord") und - 2 gegen 2 Torhütertennis (das Beherrschen von Räumen): - 4 gegen 1 mit Tor(en) - 5 gegen 2 mit Tor(en) und ohne Tor(e)

Beispiel:	Praxissituation Zahl der Trainingseinheiten:	35
	Spezifisches Torhütertraining:	35
	Zahl der Wettkämpfe:	30

Wichtig ist auch die Interpretation in der jeweiligen Altersgruppe, das heißt die Realität der Wettkampfsituation pro Altersklasse. Daneben kommt es auf die Vereinbarungen über die Trainingssituationen an: Wann trainiert man mit oder ohne die anderen Spieler und wie gewährleistet man einen Trainingsaufbau von leicht bis kompliziert? Auch der Widerstand bestimmt, ob eine Trainingssituation einfacher oder komplizierter wird. Widerstände können sein: der Ball, Gegner und Mitspieler. Widerstände kann man aber auch erhöhen oder herabsetzen, indem man mit Raum, Zeit, Richtung, Spielregeln und Druck "spielt". Zu empfehlen ist, entsprechende Beispiele in einen Jugendtorhüterlehrplan aufzunehmen.

Die Verwirklichung von Zielen hängt sicherlich auch mit der Zahl der Lernmomente zusammen, die man als Verein den Jugendtorhütern anbietet.

Die Zahl der Trainingseinheiten und der Wettkämpfe und bei der Jugend von 6 bis 12 Jahren vor allem die "Hausaufgaben". Ich halte das gemeinsame Training von Torhütern und Feldspielern für sehr wichtig. Ideal ist es, mindestens einmal pro Woche alleine mit den Torhütern zu trainieren und sie daneben - sofern häufiger trainiert wird - mit der ganzen Spielergruppe trainieren zu lassen.

Beurteilung der Fortschritte

Während der Ausbildung ist es unerläßlich, daß die Entwicklung der Torhüter genau beobachtet wird. Die Jugendtorhüter, aber auch die Trainer untereinander, benötigen ständig Feedback. Über die Art und Weise, wie dies zu geschehen hat, können im Lehrplan Vereinbarungen getroffen werden. So müssen sich Jugendtorhüter schon daran gewöhnen, daß ihr direkter oder indirekter Einfluß auf das Endergebnis nach jedem Spiel besprochen wird. Also sollte der Jugendtrainer nach oder während jedes Trainings oder Wettkampfs mit dem Torhüter über dessen Leistung sprechen.

Daneben empfiehlt es sich, jedes (halbe) Jahr ein formelles Gespräch über die Entwicklung des Jugendtorhüters in diesem Zeitraum zu führen. Punkte, die während eines solchen Auswertungsgesprächs zur Sprache kommen können, sind seine Torhüterqualitäten (Technik, Verständnis, Kommunikation) und die mentalen und körperlichen Aspekte. Daneben aber auch individuelle Besonderheiten, etwa mögliche Folgen für einen sehr talentierten Torhüter, die Entwicklung im Vergleich zu den Altersgenossen und der steinige Weg für einen Jugendtorhüter bis in die erste Mannschaft der Senioren. Dabei sollte der Jugendtorhüter auch seinen eigenen Eindruck hinsichtlich seiner Fortschritte wiedergeben. Der Trainer formuliert am Ende des Gesprächs die Schlußfolgerungen, wiederholt die getroffenen Absprachen und faßt die Zukunftsperspektive zusammen.

Die Zusammenarbeit zwischen den Trainern

Im Lehrplan sind außerdem die Grundlagen für die Zusammenarbeit zwischen den Torhütertrainern und den Trainern der Jugendmannschaften aufzunehmen. Die Aufgaben und Funktionen der Torhütertrainer und der anderen Jugendtrainer müssen dabei deutlich definiert werden, ebenso ihre Rechte, Pflichten und Verantwortlichkeiten. Werden derartige Absprachen nicht getroffen, können sehr leicht Probleme während der Spielsaison entstehen. Es muß Klarheit darüber bestehen, wer was beim Coaching und bei der Betreuung der Jugendtorhüter macht. Dies gilt sowohl für das Training als auch für den Wettkampf. Wann kann der Torhütertrainer während der Trainingseinheiten über die Jugendtorhüter verfügen? Übernimmt der Jugendtrainer die Betreuung des Torhüters bei Formen, an denen sich auch Feldspieler beteiligen? Oder achtet dann der Torhütertrainer zum Beispiel auf Punkte wie Entschlußkraft, Position des Torhüters im Verhältnis zu den Feldspielern, Coaching bzw.

Das für die Umsetzung des Jugendtorhüterlehrplans benötigte Material

Artikel	minimal	ideal	Verwendungszweck
Bälle Gewicht/Größe	10	20 oder mehr	Training (für viele Runden hintereinander)
Hütchen:	20	30	Markierung; ist gefahrlos, leicht
- Chinahütchen	10	20	und billig
- 50-cm-Kegel			Markierung oder Torpfosten
Seil	2	4 oder mehr	u.a. für Torhüter-Tennis
Rahmennetz	1	2 oder mehr	ideal für das Aufwärmen der 8- bis 14jährigen und das Einüben von technischen Fertigkeiten
(mobile) Tore:			
- Großtor	1	2 oder mehr	für C- bis A-Junioren
- 5 m x 2 m	1	2 oder mehr	für D- bis C-Junioren
- Handballtor	1	2 oder mehr	für E- bis D-Junioren (Zeitpunkt des Übergangs je nach Körpergröße)
Fußball/Torhüter-Tennisset	1	2 oder mehr	Torhüter-/Fußball-Tennis
Freistoßmauer	1	2 oder mehr	Üben der Abwehr von Freistößen
Taktiktafel	1		Veranschaulichung von Situationen
Trainermappe	1 (pro Trainer)		Verdeutlichung von Spielsituationen und Standardsituationen und Protokollierung aller benötigten Informationen im Training und im Wettkampf

Dirigieren und die Wiederaufnahme des Spiels?

Verfügt eine Jugendabteilung über einen speziellen Torhütertrainer, ist es selbstverständlich, daß dieser Trainer auch die Wettkämpfe besucht. Schließlich bilden die Wettkämpfe einen wichtigen Ausgangspunkt für die Festlegung des Übungsstoffs. Während des Spiels kann der Torhütertrainer zum Beispiel auf die Abwehr von Torschüssen und auf Zweikämpfe, Flankenbälle, Steilvorlagen oder den Spielaufbau des Torhüters (Schießen, Werfen, Rückgabe) achten. Aber auch auf das Coachen und Dirigieren und das Aufwärmen vor dem Spiel. Aber vielleicht hält gerade der Jugendtrainer dies für seine Aufgabe. Wer bespricht vor dem Wettkampf die Aufgaben mit dem Torhüter? Kann ein Torhütertrainer unterstützend coachen, und wo ist sein Platz, auf der Bank, am Spielfeldrand oder hinter dem Tor? Wer sorgt für das Feedback in der Pause und direkt nach dem Wettkampf? Dieses Feedback ist schließlich die Grundlage für den weiteren Verlauf. Und auf längere Sicht: Wie sind die Aufgaben verteilt, wenn es um das Protokollieren der Entwicklung der Jugendtorhüter geht? Um Konflikte zu vermeiden, denen auch der Jugendtorhüter zum Opfer fallen kann, sind über solche wesentlichen Aspekte vorab Absprachen zu treffen und festzulegen. Ein Jugendtorhüterlehrplan ist hierfür ein ausgezeichnetes Instrument.

Die Trainingsmethode

Im Lehrplan sollte auch die gewünschte Trainingsmethode für Jugendtorhüter beschrieben sein. Der beste Ausgangspunkt ist, daß der Trainer auch bei Torhütern immer für wettkampf-nahe Lehrsituationen sorgt. Einerseits muß der Torhüter Gegentore verhindern, andererseits muß er zum Aufbauspiel beitragen, Torchancen vorbereiten und das Umschalten von Abwehr auf Angriff ermöglichen. Auch das Wiederholungsprinzip ist "heilig": viele Durchgänge, aufgrund guter Planung und Organisation keine langen und unnötigen Wartezeiten und genug Material (Bälle, Hütchen, Tore etc.).

Bei der Wahl der richtigen Trainingsmethode berücksichtigt ein guter Torhütertrainer natürlich auch das Alter, das Talent und die Möglichkeiten und Fertigkeiten des Torhüters.

In einem Lehrplan kann festgelegt werden, wie man die Entwicklung eines Torhüters positiv beeinflussen kann durch richtiges Coaching: Eingreifen, Anweisungen erteilen, Fragen stellen, Lösungen vorschlagen lassen, Beispiel geben und vormachen.

Die ideale (Trainings)-Lehrsituation ist somit eine Situation mit wettkampfechten Trainingsformen, mit vielen Wiederholungen, viel Spaß und vielen entsprechenden Coaching-Möglichkeiten.

Die Arbeitsweise

Ein wichtiges Kapitel des Lehrplans behandelt die Absprachen über die Arbeitsweise der Trainer, die sich mit der Ausbildung der Jugendtorhüter befassen. Ihr Ziel muß es sein, "ideale" Torhüter für die Seniorenmannschaften ihres Vereins auszubilden und auf jeden Fall das maximal mögliche Niveau bei jedem einzelnen Jugendtorhüter zu erreichen. Dazu muß der Trainer in der Lage sein, in jeder Altersklasse den Wettkampf "lesen" zu können, indem er die häufigsten allgemeinen und spezifischen Probleme pro Torhüter analysiert. Er muß das Fußball- und Torhüterspiel bei den Senioren kennen und verstehen. Mangelt es an dieser Kenntnis, muß er bereit sein, sich in speziellen, etwa vom Fußballverband veranstalteten Kursen weiterzubilden. Auch zu diesem Punkt können in einem Lehrplan Absprachen getroffen werden. Solche Kurse versetzen den Trainer in die Lage, pro Altersklasse Zielsetzungen zu formulieren, Probleme bei einem Torhüter zu analysieren und die richtigen Trainingsformen für ein erfolgreiches Torhütertraining zu finden.

5 Trainingseinheiten für Torhüter bei der D-Jugend

Training 60 min.	Aufwärmen	Schwerpunkte	Schluß	Ab-wärmen	Anmerkungen
1		- Erlernen des selbständigen Aufwärmens ohne Ball vor dem Training	4 gegen 1		Kennenlernen, Absprachen, Material
2	wie 1	- Kontrolle des selbständigen Aufwärmens ohne Ball vor dem Training - Aufwärmen mit Ball und Rahmennetz als Hausaufgabe	4 gegen 1		Bei der Hausaufgabe des Torhüters eine blinde Mauer oder ein Rahmennetz verwenden
3	wie 1 und 2	- Kontrolle des Aufwärmens ohne/mit Ball - Erlernen Schuß aus den Händen im Spielaufbau: Volley und Dropkick als Hausaufgabe	4 gegen 1		
4	dito	- Kontrolle des selbständigen Aufwärmens - Fallen und Hechten beim Torschuß - Hausaufgabe kontrollieren: Abschlag und Flanken (nach/bei Torschuß) - Werfen: Rollen bzw. Schleuderwurf als Hausaufgabe	1 gegen 1 "Krieg" Werfen 4 gegen 1		
5	dito	- Kontrolle des selbständigen Aufwärmens; gegebenenfalls eingreifen - Hausaufgabe kontrollieren: Abschlag und Werfen (nach/bei Torschuß) - Rückgabe links und rechts als Hausaufgabe	1 gegen 1 "Krieg" Abschlag 4 gegen 1		

5

Training bei den C-Junioren

Merkmale

Dies ist eine wichtige Phase in der Entwicklung eines jungen Fußballspielers. Jugendspieler nehmen in diesem Lebensabschnitt zahllose Eindrücke auf und entwickeln eine Vielzahl von Begriffen. In dieser Altersklasse werden die ersten Schritte für die weitere Entwicklung ihres Assoziationsvermögens gesetzt. Logisches Denken und Kombinieren wird für sie immer einfacher, so daß sie sehr lernfähig sind. In dieser Phase wird auch die Grundlage für die richtige Analyse innerhalb der Fußballsituationen gelegt. Oft haben die Spieler die Lösung schon vor Augen, können aber motorisch noch nicht angemessen handeln. Andererseits gibt es auch Jugendliche, deren körperliche Entwicklung weiter fortgeschritten ist als ihre geistige.

Die C-Junioren bekommen auch immer mehr Gefühl für Taktik und können in mehr abstrakten Begriffen denken.

Die C-Altersgruppe weist verschiedene spezifische Merkmale auf, die die Arbeit mit dieser Gruppe sehr interessant machen. Körperlich gesehen bestehen große Unterschiede zwischen den einzelnen Spielern. Größenunterschiede von 25 Zentimeter zwischen Altersgenossen (kalendarisch gesehen) sind keine Ausnahmen. Aus beweglichen, gut proportionierten und geschmeidigen Spielern, die nie mit Verletzungen zu kämpfen haben, werden manchmal in kurzer Zeit lange, unförmige Schlaks mit hölzernen Bewegungen, die sich immer mit irgendeinem Handicap herumschlagen. Die Bein- und Halslänge nimmt bei C-Spielern rasch zu, so daß sie nur eingeschränkt belastbar sind. Eine bestimmte Zeitlang haben sie Probleme mit den Bändern am Kniegelenk. 13jährige C-Spieler können schon wie 15jährige aussehen, während in derselben Gruppe Altersgenossen die Merkmale von E-Spielern aufweisen.

Auch in sozialer und psychischer Hinsicht kommt auf die Jugendlichen viel zu. In dieser Altersklasse finden viele Veränderungen statt. Eine neue Schule, in der sie mehr Verantwortung für ihr Tun und Lassen bekommen, Hausarbeiten, an denen sie viel länger sitzen als zuvor, wodurch kaum Zeit für das Spielen draußen bleibt. Sie müssen mit anderen zusammenarbeiten, statt individuell zu arbeiten. Durch alle diese Veränderungen sind C-Spieler oft mehr mit sich selbst als mit anderen beschäftigt.

Das Kind löst sich auch immer stärker von seiner Familie, widerspricht den Erwachsenen und wird kritischer. Unlustgefühle und große Stimmungsschwankungen sind C-Spielern keineswegs fremd. Auf der Suche nach seiner Stellung innerhalb der Gruppe kann ein Kind in diesem Alter ein auffälliges Verhalten aufweisen.

Das Stimulieren guter Lebensgewohnheiten ist in dieser Altersklasse sehr wichtig. Durch die schnelle Entwicklung des Spielers kommt er mit negativen Einflüssen der Gesellschaft in Kontakt, wie Rauchen und Alkoholkonsum. Es ist auch die Aufgabe des Trainers, davor zu warnen und gute Lebensgewohnheiten zu stimulieren.

Die Unterschiede bei den C-Junioren des ersten und des zweiten Jahres sind oft enorm. Spieler, die gerade von den D-Junioren kommen, legen im Vergleich zu den Spielern, die bereits ein Jahr in der C-Klasse spielen, ein ziemlich kindliches Verhalten an den Tag. Dies hängt auch mit dem bereits genannten Wechsel von der Grundschule zu einer weiterführenden Schule zusammen.

Diese Merkmale treten auch auf dem Fußballplatz in Erscheinung. Die körperlichen Unterschiede und Probleme sind am deutlichsten zu erkennen. Dem jungen, technisch gut entwickelten Spieler aus der D-Jugend springen als C-Spieler plötzlich alle Bälle vom Fuß, der schnelle Spieler kommt plötzlich nicht mehr recht vom Fleck. In Spielformen sind deutliche Unterschiede zwischen Spielern zu sehen, die ein Auge für den Mitspieler haben und gemeinsame Lösungen anstreben und den Spielern, die immer zunächst selbst eine Lösung suchen und nur, wenn sie wirklich nicht mehr weiter wissen, eine Abspielmöglichkeit suchen. Daneben haben die C-Spieler oft noch sehr wenig Ruhe am Ball und suchen

Lösungen häufig auf engem Raum. Die Verlagerung des Spiels durch lange Pässe gehört meistens noch nicht zum Repertoire. Dies bedeutet, daß Aufbau und Angriff durch kurzes Kombinationsspiel fortgesetzt werden müssen. Der Schwerpunkt muß daher auch auf einem guten Aufschließen und einem guten Stellungsspiel liegen.

Spieler in diesem Alter wollen nichts lieber als gewinnen. Als Trainer kann man sie davon überzeugen, daß man dies nur erreicht, indem man geschlossen als Mannschaft spielt. Sobald C-Spieler dies eingesehen haben, sind sie auch bereit, die Belange der Mannschaft zu berücksichtigen. Sie wissen sehr genau, wer gut und wer schlecht Fußball spielt, und werden das auch deutlich machen. Deshalb muß der Trainer einer C-Gruppe auch über Kenntnisse auf dem Gebiet von Teambuilding verfügen.

Durch die großen körperlichen und geistigen Unterschiede ist es schwierig, für diese Gruppe immer ein richtiges Training vorzubereiten. Als Trainer wird man nicht selten "Wasser zum Wein geben" müssen und feststellen, daß die Ziele nicht erreicht wurden. Hier hilft, wie so oft, nur Geduld.

Profil eines C-Trainers

Ein guter C-Trainer weiß zunächst einmal, wie er mit den großen Unterschieden innerhalb seines Kaders umgehen muß. Er ist sich darüber im klaren, daß die Spieler sehr stark auf der Suche nach ihrer eigenen Identität sind und daß diese Phase ganz schön problematisch sein kann. So ein Trainer zeigt Interesse für all diese Veränderungen und unterstreicht dies mit persönlichen Gesprächen.

Von einem guten C-Trainer kann man erwarten, daß er vor allem klare Worte für seine Spieler findet und sie zur Einhaltung der vereinbarten Hausregeln veranlaßt. Letzteres ist nur möglich, wenn der Trainer selbst auf diesem Gebiet eine Vorbildfunktion erfüllt.

Auch bei der Zusammenstellung des Übungsstoffs und der Wahl der richtigen Methode berücksichtigt er die großen Unterschiede innerhalb seiner Gruppe. Er verfügt über ausreichende Kenntnisse über das (4-3-3)-System, so daß er den C-Spielern die wichtigsten Ausgangspunkte beibringen kann. Dabei denkt er an die körperlichen Schranken vieler C-Spieler bei der Ausführung des Spielsystems. Dieser Trainer ist in der Lage, für seine Spieler Aufträge zu formulieren, die bereits an das eigene Verantwortungsgefühl appellieren. Er verfügt über Kenntnisse auf dem Gebiet von Teambuilding und kann während des Trainings selbst ein gutes Vorbild sein.

Tips für den C-Trainer

1. C-Spieler testen gerne, wo die Grenzen eines Trainers und Jugendübungsleiters liegen. Deshalb sind ein klares und konsequentes Auftreten dieser Betreuer wichtig. C-Spieler benötigen grundsätzliche Vereinbarungen, von denen auch die Trainer in den nächsten Altersklassen profitieren werden:

- duschen nach dem Training oder Wettkampf;
- sich beim Gegner nach einem Spiel bedanken, auch wenn man verloren hat;
- rechtzeitig zum Training bzw. Wettkampf erscheinen;
- rechtzeitig abmelden;
- gute und richtig getragene Sportkleidung (Trikot in der Hose);
- auch bei Verletzungen beim Wettkampf anwesend sein;
- gemeinsam für Material und Umkleideraum verantwortlich sein.

Hält sich ein Spieler nicht an diese grundsätzlichen Vereinbarungen, muß man ihn darauf ansprechen.

2. C-Spieler kommen mitten in die Pubertät. Dieser Lebensabschnitt sorgt für erhebliche Probleme. Darum ist es vernünftig, als Trainer auf die Suche nach einer geeigneten Führungspersönlichkeit zu gehen, die diese Probleme erkennt und auch über Lösungen nachdenkt. Ein Trainer, der diese Problemfälle alleine lösen muß, wird auf Dauer auf dem Spielfeld scheitern.

Trotzdem wird auch der Trainer einen C-Spieler regelmäßig kurz zur Seite nehmen und mit ihm über seine Probleme sprechen müssen. C-Spieler wollen ernst genommen werden, und ein persönliches Gespräch kann sich dabei positiv auswirken.

3. Gute Kontakte mit den Eltern geben oft mehr Einblick in die spezifischen Probleme der C-Spieler.

4. Lassen Sie die C-Spieler vor allem selbst über Lösungen von Fußballproblemen nachdenken, etwa indem Sie beim Training Fragen stellen, statt ständig die Lösung vorwegzunehmen.

5. Wichtig ist, daß der C-Trainer die eingeschränkte Belastbarkeit seiner Spieler immer berücksichtigt. Hören Sie den Spielern zu, beobachten Sie sie, und nehmen Sie auch die weniger schlimm aussehenden Verletzungen ernst. Manchmal muß man bei Spielern dieses Alters eine längere Ruhepause hinnehmen. Befolgen Sie die Ratschläge der Ärzte, und vergessen Sie in solchen Fällen das direkte Wettkampfergebnis. Berücksichtigen Sie in angemessener Weise Bauch- und Rückenmuskulatur und Muskellänge der Spieler.

6. Bauen Sie in Trainingsformen ein Wettkampfelement ein, so daß die Spieler lernen, mit Niederlagen umzugehen und für Siege zu kämpfen.

7. C-Spieler neigen rasch dazu, sich nach dem Verhalten der anderen zu richten. Bringen Sie den Spielern Selbstkritik bei, und erklären Sie ihnen, daß jeder auch Fehler macht.

8. Sofern dies organisatorisch möglich ist, sollte man mit der C-Jugend mindestens zweimal pro Woche trainieren.

Spezifische Probleme

* Wegen ihrer Pubertät können C-Spieler oft anders reagieren als Erwachsene erwarten und wünschen. Durch die großen Unterschiede innerhalb des Teams bekommt man es als Trainer sowohl mit stark introvertierten Spielern als auch mit Jugendspielern zu tun, die sich auf der Suche nach ihrer eigenen Identität stärker behaupten wollen. Jede Form von Kritik wird schnell als negativ erfahren. Man erlebt als Trainer verwöhnte, weiche und kämpferische Spielertypen, Spieler aus allen gesellschaftlichen Schichten und den unterschiedlichsten ethnischen Gruppen. Deshalb müssen Betreuer der C-Jugend vor allem auch über pädagogische Qualitäten verfügen.

* Die vielen Veränderungen in seinem Leben können auch die Ursache dafür sein, daß ein C-Spieler plötzlich viel weniger Leistung erbringt.

* C-Spieler sind durch die körperlichen Entwicklungen sehr verletzungsanfällig. Der Jugendtrainer müßte eigentlich auch etwas von dieser Problematik verstehen. Ist dies nicht der Fall, darf er auf keinen Fall Schmerzen und Beschwerden seiner Spieler unterschätzen.

* Das größte Problem für C-Spieler ist der Wachstumsschub und der damit einhergehende Stillstand bzw. Rückgang bei den motorischen Eigenschaften.

* Meistens ist auch eine Teilung der C-Mannschaft in eine Gruppe, die bereits weiterführende Schulen besucht, und eine Gruppe, die noch auf der Hauptschule bleibt, festzustellen. Ursache dafür ist die stark veränderte Erlebniswelt bei der ältesten Gruppe. Der Jugendtrainer muß dafür sorgen, daß sich auch die Jüngsten innerhalb der Gruppe sicher fühlen können.

Ausgangspunkte für die Wahl des Übungsstoffs

Bei der C-Jugend entwickelt man, wie der niederländische Fußballbund es nennt, die Wettkampfreife. Darum bildet in diesem Alter der Wettkampf bereits den Ausgangspunkt bei der Wahl des Übungsstoffs. Oder mit anderen Worten: Die Fußballprobleme, die während des Wettkampfs sichtbar werden, muß der C-Trainer in Übungsstoff umsetzen. Schwerpunkte des Trainings müssen daher Partei- und Positionsspiele und gegenseitiges Coaching sein.

In dieser Phase kann auch damit begonnen werden, C-Spielern die Aufgaben näherzubringen, die zu einer bestimmten Position gehören. Je nach Leistungsniveau kann man den C-Spielern auch beibringen, ein oder zwei Spielhandlungen gedanklich vorwegzunehmen. Der Übungsstoff kann sich taktisch bereits nach den einzelnen Mannschaftsreihen ausrichten. Beginnen Sie mit dem Aufbau von hinten, danach wird das Mittelfeld behandelt und zum Schluß die Angriffsreihe. Konfrontieren Sie die C-Spieler anhand des Übungsstoffs mit Überzahlsituationen, mit dem Nachrücken der Reihen und der gewünschten Feldbesetzung, bei der alle Positionen immer besetzt sein müssen. Achten Sie auf die richtige Ballgeschwindigkeit vor allem über kürzere Entfernungen.

Bei dieser Altersklasse sind häufig Anweisungen wie "freilaufen" oder "anbieten" zu hören. Sorgen Sie durch die Auswahl des Übungsstoffs und durch das Coaching beim Training dafür, daß diese Jugendspieler auch wissen, wie sie sich freilaufen und anbieten müssen.

Da C-Teams häufig bereits zweimal pro Woche trainieren, kann ein Teil des Übungsstoffs daneben auf Themen basieren, die in einem Jahresplan festgelegt sind. Zum Beispiel: August und September: Wiel Coerver-Übungen, Oktober: Passen und Schießen, November: Dribbeln und Tempodribbling, Dezember: Kopfstoß, Januar: in der Halle Technik auf engem Raum verbessern, Februar: Ausspielen des Gegners, März: Doppelpaß, April: Zweikampf.

Bei der Wahl des Übungsstoffs muß ein Trainer immer auch die eingeschränkte Belastbarkeit und die Wachstumsprobleme berücksichtigen. Er sollte außerdem das Muskel- und Aufwärmtraining nicht vernachlässigen.

Hauptaspekte im Training

- Das Training muß gut vorbereitet werden, wobei der Wettkampf stets Ausgangspunkt ist.
- Achten Sie auf gutes Material. Sind die Bälle richtig aufgepumpt? Gibt es genügend Trikots, Hütchen und Kleintore? Ist Rücksprache mit einem anderen Trainer über die Einteilung des Trainingsfeldes erforderlich?
- Man sollte nicht vergessen, daß C-Spieler die Anweisungen und Kommentare des Trainers sehr leicht negativ interpretieren. In diesem Alter fühlen sie sich schnell kritisiert, vor allem wenn sie vor der ganzen Gruppe zurechtgewiesen werden.

Manchmal muß man einen Spieler kurz zur Seite nehmen und den Zweck einer positiven Kritik erläutern.

- Das Training sollte mit einer deutlichen, aber vor allem nicht zu langen Erläuterung der Fußballprobleme beginnen, die während des Trainings behandelt werden.
- Bitten Sie einen "natürlichen" Führungsspieler der Gruppe, das Aufwärmtraining zu übernehmen. Vor allem in der Anfangszeit benötigt dieser Spieler viel Unterstützung, aber nach einiger Zeit wird der Trainer merken, daß die ganze Gruppe relativ gut am Aufwärmen teilnimmt.
- Für das Torwarttraining eignen sich verschiedene Übungsformen mit der ganzen Gruppe. Dennoch legt ein C-Torhüter auch viel Wert auf spezielle Torhüterübungen.
- Denken Sie an die eingeschränkte Belastbarkeit.
- Kommt der Erlebnisfußball und der Spaß am Fußball nicht zu kurz?
- Streben Sie nach einem guten Gleichgewicht von Abwechslung und Wiederholung. Viele gleiche Schwerpunkte, aber immer in anderer Form.
- Ermuntern Sie die Spieler während des Trainings immer wieder, selbst für Lösungen in bestimmten Situationen zu sorgen.
- Sagen Sie deutlich, was Sie wollen und wie die Übungen ausgeführt werden sollen. Immer wieder aufs neue probieren, auch wenn es ein paarmal schiefgeht. Dabei geht es meistens um Dinge wie die richtige Ballgeschwindigkeit, Zuspiel auf den richtigen Fuß und direktes Abspiel, das richtige Anbieten, indem man sich vom Ball wegbewegt und dadurch Raum schafft, und um eine gute Konzentration.

Das Spielsystem

Die körperlichen Probleme spielen auch bei der Ausführung des 4-3-3-Systems eine Rolle. Die Verlagerung des Spiels durch einen langen Paß ist oft schon aus körperlichen Gründen nicht möglich. Das bedeutet, daß der Angriff durch Kurzpaßspiel aufgebaut werden muß. Aus demselben Grund sind auch gute Vorlagen von der Torauslinie bei der C-Jugend Mangelware.

Grundsätzlich heißt dies, daß in der C-Jugend noch nicht alle Basissituationen des 4-3-3-Systems angewendet und ausgeführt werden können. Diese Schlußfolgerung verlangt vom Trainer Kreativität bei der Suche nach Alternativen, die wohl ausführbar sind und die so nah wie möglich an die Ausgangspunkte des gewählten Spielsystems herankommen. Das bedeutet in dieser Altersklasse wenig Steilspiel über große Entfernungen, denn das führt zu vielen Ballverlusten, und viel Kombinationsfußball und Konzentration auf den Zusammenhalt der Mannschaftsreihen. Die C-Spieler müssen sich dann auf ein rechtzeitiges Aufschließen und ein gutes Stellungsspiel konzentrieren.

Verschiedene andere Grundprinzipien dieses Systems können wohl trainiert werden, weil C-Spieler bereits in der Lage sind, taktisch mitzudenken. So kann den Spielern der Abwehrreihe beigebracht werden, wie Zweikämpfe mit gegenseitiger Rückendeckung gespielt werden. Bei Ballbesitz rückt dann z.B. einer der Verteidiger aus dem Zentrum ins Mittelfeld auf. Bei Ballverlust wird vor allem dieser Spieler versuchen müssen, den gegnerischen Angriff aufzuhalten bzw. zu stören.

Bei C-Spielern fällt auf, daß die Mittelfeldspieler bei schwächeren Gegnern oft mit nach vorne gehen. Ein Auge für die Position des Mitspielers haben, also für eine gute Feldbesetzung, ist in dieser Altersklasse eine wichtige taktische Aufgabe.

C-Spielern kann auch schon beigebracht werden, wie man das Prinzip "verteidigen, wo der Ball verloren wurde" umgesetzt werden kann und daß man die Abstände zu seinen Mitspielern beachten muß.

Hauptaspekte im Wettkampf

- Berücksichtigen Sie die Einwechselspieler.
- Immer den Mannschaftsaspekt berücksichtigen, auch schon beim Aufwärmen.
- Selbstvertrauen durch Coaching stimulieren.
- Bei den C-Junioren sieht man oft, daß das gegenseitige Coaching im Laufe des Wettkampfs nachläßt. Als Trainer muß man die Spieler zu mehr Kommunikation untereinander ermutigen.
- Beobachten und analysieren, ob die Spieler die Kontrolle über sich selbst haben. Emotionen können bei C-Spielern im Falle eines Rückschlags schnell durchbrechen. Als Trainer muß man dafür sorgen, daß die Spieler sich nicht an Mitspielern, Schiedsrichtern und Gegenspielern abreagieren. Sofort eingreifen!
- Als Trainer darf man sich selbst auch nicht von Emotionen überwältigen lassen. Übersicht behalten und analysieren.
- C-Spielern fällt eine gute Feldbesetzung schwer; sie verlassen schnell ihre Position.
- Analysieren, wie bei Ballbesitz der eigenen Mannschaft, bei Ballbesitz des Gegners und beim Wechsel von Ballbesitz auf Ballverlust und umgekehrt gespielt wird. Auf die Umsetzung der angegebenen Prinzipien achten.
- Bei jedem einzelnen auf die Ausführung seiner Aufgaben achten; falls erforderlich Aufzeichnungen für die Nachbesprechung machen.
- Lassen Sie die C-Spieler selbst die Ausführung von Standardsituationen bestimmen, aber besprechen Sie die Ausführung hinterher.

Die Philosophie des niederländischen Fußballbundes KNVB

Angesichts der großen Entwicklungsunterschiede unterscheidet der niederländische Fußballbund KNVB zwischen C-Spielern im ersten und im zweiten Jahr.
Bei den 12- bis 13jährigen geht es vor allem um die Entwicklung des taktischen Verständnisses, um das Erkennen von Spielabsichten und um allgemeine Ausgangspunkte in den Hauptmomenten "Ballbesitz des Gegners" und "Ballbesitz der eigenen Mannschaft".
Da in den Niederlanden der Wettkampf 7 gegen 7 bei den D-Junioren bevorzugt wird, geht der KNVB davon aus, daß C-Spieler zum ersten Mal mit einer 11-gegen-11-Situation konfrontiert werden. Dies sorgt zu Beginn sicherlich für einen individuellen Leistungsrückgang, weil die Spieler sich an einen größeren Raum und größere Entfernungen gewöhnen müssen, an komplexere Alternativen, neue Spielregeln und eine andere Aufgabenverteilung.
Kindern in diesem Alter muß klar gemacht werden, daß Fußballspielen mehr ohne als mit Ball geschieht, also mehr mit dem Kopf als mit den Beinen.
Die Strategie zur Erreichung dieser Lernziele hat der KNVB wieder in bestimmte Abschnitte unterteilt. Man konfrontiert die C-Spieler im ersten Jahr zunächst mit den Problemen beim Ballbesitz des Gegners, mit den Spielstrategien in den verschiedenen Mannschaftsreihen und den allgemeinen Prinzipien innerhalb jeder Reihe. In dieser Phase ist das Stellungsspiel Voraussetzung dafür, gemeinsam Gegentore zu verhindern, den Ball zurückzuerobern und anschließend einen Angriff aufzubauen und zum Torerfolg zu gelangen.
In der zweiten Phase geht es um Ballbesitz der eigenen Mannschaft. Welche Spielabsichten verfolgt dann jede Mannschaftsreihe und was sind die allgemeinen Ausgangspunkte? Ein gutes Stellungsspiel ist dann die Voraussetzung, um vor das gegnerische Tor zu gelangen.
Es geht bei C-Spielern vor allem um bestimmte Schwerpunkte in den Bereichen Spielverständnis und Kommunikation. Werden diese beiden Aspekte nicht genügend berücksichtigt, hat dies negative Konsequenzen für die weitere Entwicklung der Spieler im tech-

nisch/physischen Bereich. C-Spieler müssen daher zunächst Verständnis für die einzelnen Absichten innerhalb der drei Mannschaftsteile entwickeln und dann innerhalb einer Mannschaftsorganisation (4-3-3) entsprechend fungieren. Aufgaben und Funktionen müssen laut KNVB in diesem Alter festgelegt werden, und zwar immer im Rahmen der drei Mannschaftsfunktionen (Verteidigen, Aufbauen und Angreifen) und unter Berücksichtigung der Position auf dem Spielfeld.

Wichtige Aspekte sind dabei die Feldbesetzung, die Abstände zwischen den Spielern einer Mannschaft, die Qualität des Stellungsspiels mit und ohne Ball, die Lösungen in der Tiefe, unter Umständen schon über größere Entfernungen. Nach Überzeugung des KNVB stagniert die Entwicklung, wenn es in dieser Phase an dem Spielverständnis und der Kenntnis der Spielabsichten fehlt.

Ziel bei den C-Spielern im zweiten Jahr ist die Umsetzung der Spielabsichten aus den einzelnen Reihen heraus und die Weiterentwicklung von Technik, Verständnis und Kommunikation.

Die Methode zur Realisierung dieser Zielsetzung gliedert der KNVB in drei Abschnitte.

In der ersten Phase geht es wieder um den Ballbesitz der gegnerischen Mannschaft. Allgemeine Ausgangspunkte für die Zusammenarbeit der einzelnen Reihen sind:
- Stören in der Hälfte des Gegners;
- Stören und Ball abnehmen im Bereich der Mittellinie und
- Ball abnehmen vor und im eigenen Strafraum und Gegentore verhindern.

Bei eigenem Ballbesitz sind die allgemeinen Ausgangspunkte:
- der Aufbau in der eigenen Hälfte (kein Ballverlust in der eigenen Hälfte) und
- der Aufbau und der Angriff in der Hälfte des Gegners (erst wenig, dann viel Risikos).

Abschließend kommen die allgemeinen Ausgangspunkte und die Ziele beim Ballbesitzwechsel zur Sprache.

Übung 1: 1 gegen 1 / Zweikampf

Ziel
Vorbereitende Übung für Zweikämpfe.

Organisation
- Spieler in der Mitte bietet sich diagonal an.
- Ball annehmen, drehen, dann Paß in die Tiefe.
- Variation: Spieler dreht sich bei der Ballannahme weg und schlägt den Paß.
- Auf Ballgeschwindigkeit und Ballannahme achten.

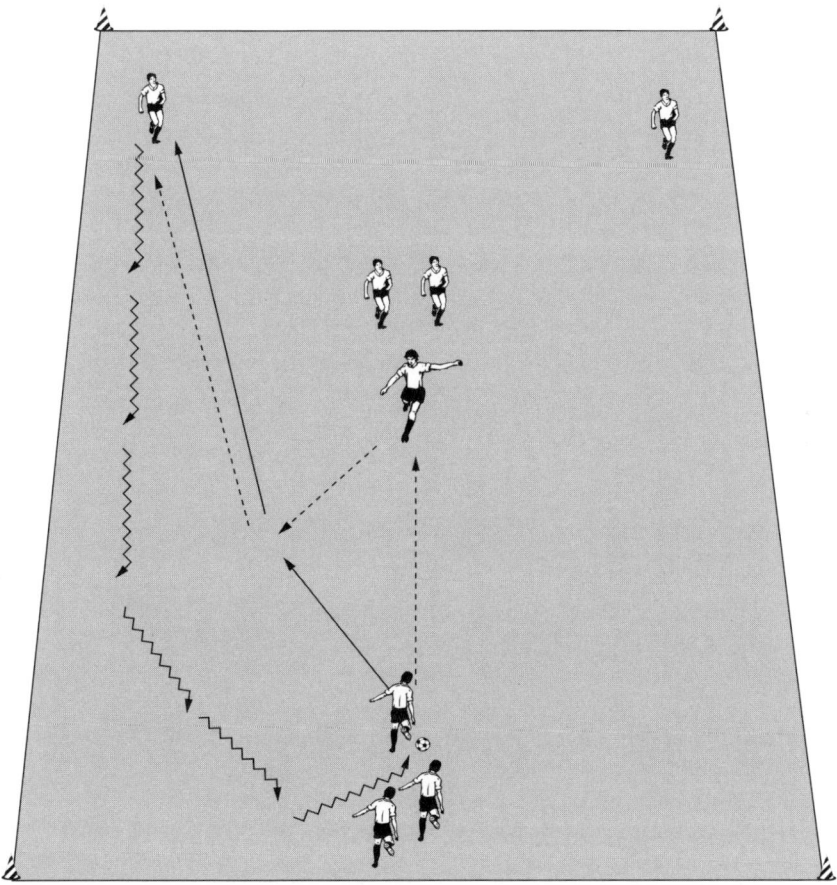

Übung 2: 1 gegen 1

Ziel
Zweikampf aus einer Wettkampfsituation.

Organisation
- In Feld 1 wird 4 gegen 1 gespielt.
- Die Spitze in Feld 2 fordert den Ball und spielt 1 gegen 1.
- Sobald der Ball in Feld 2 geschossen wird, wird gleich wieder 4 gegen 1 gespielt.
- Jeder rückt eine Position weiter.

Anleitung
- Die Spitze bietet sich immer diagonal an (Raum schaffen); dazu steht ein kleines Tor hinter Spieler A (vorgeschriebene Situation).
- Stürmer (Spitze): Eindrehen und Gegner ausspielen oder wegdrehen und Tor schießen.
- Der Paß aus Feld 1 darf nur geschlagen werden, wenn Spieler A den Ball zurücklegt. Die Spitze muß darauf antizipieren.

Varianten
Schwieriger:
- In Feld 1 wird nun 4 gegen 2 gespielt.
- Anleitung: Abblocken des Verteidigers, Annahme mit der Außenseite des Fußes.

Einfacher:
- Dem Verteidiger nicht viel Zeit und Raum zum Üben lassen.

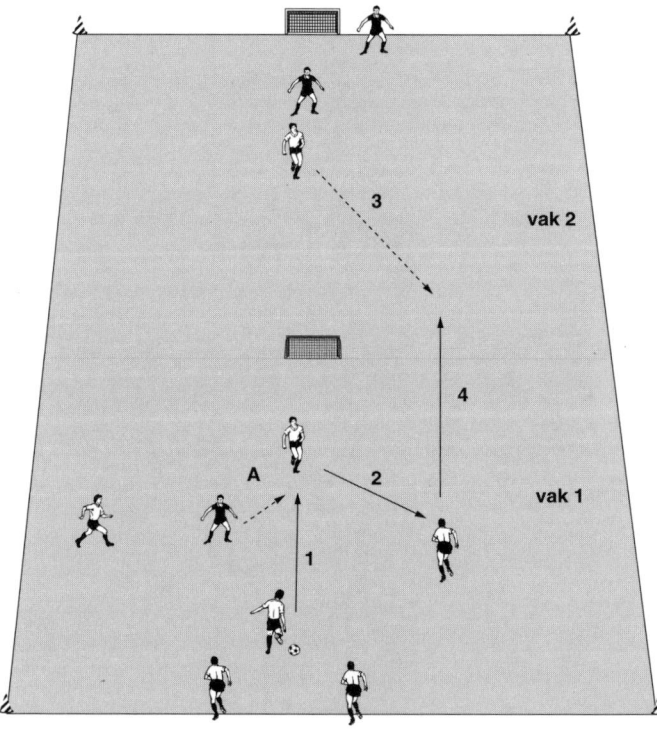

Übung 3: Passen

Ziel
Erarbeitung von Angriffsformen aus zwei vorgegebenen Alternativen, die geübt werden.
Diese Übung darf nicht zu lange dauern, da sie für den Verteidiger ermüdend ist. Danach im
Rahmen einer Spielform üben.

Organisation
- Die Angriffsform A zuerst ein paarmal rechts und links ohne Widerstand der Verteidiger
  üben.
- Das gleiche gilt für Angriffsform B.

Spielform
- Der Torhüter schießt den Ball zu Spieler A. Angriff aufbauen.
- Versuchen, die Übungsform anzuwenden, aber andere Lösungen sind auch gut.
- Die Verteidiger punkten nach Balleroberung durch einen hohen Paß ins leere Tor.

Anleitung
- Diagonal anbieten.
- Richtige Ballgeschwindigkeit; mit dem richtigen Fuß anspielen/zurücklegen.
- Der Rechtsaußen darf bei Übung A nicht die Paßlinie blockieren.
- Spieler A muß vor allem bei Übung B nach seinem Paß weiterlaufen, so daß der Ball
  schneller gespielt werden kann (Raum zwischen Spieler A und der Spitze klein halten).

Varianten
Einfacher:
Die Stürmer müssen viele Wiederholungsmöglichkeiten bekommen. Deshalb für die
Verteidiger ein Zeitlimit für das Erzielen eines Tores angeben (15 Sekunden); danach eröff-
net der Torhüter das Spiel wieder mit einem langen Ball.

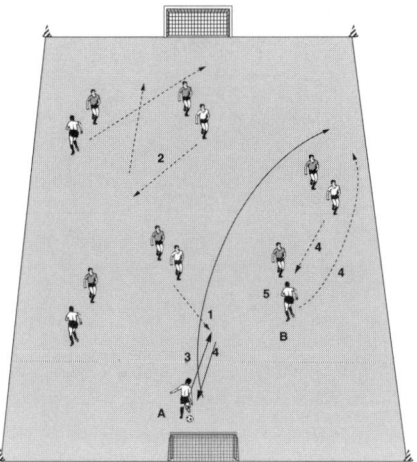
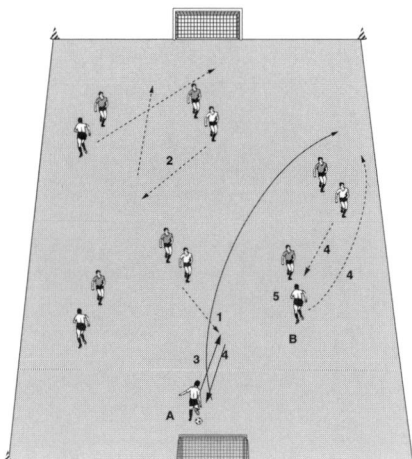

Übung 4: Stellungsspiel

Ziel
Weiterbewegen nach dem Paß; Positionswechsel

Organisation
4 gegen 4 mit 2 Anspielstationen

- Anspielstation anspielen und Positionswechsel.
- Ball darf nicht zum selben Spieler zurück.
- Nach dem Abpraller darf auf das Tor geschossen werden.
- Nach einer Ballabnahme zuerst Doppelpaß, dann Torschuß.

Anleitung
- Feldbesetzung 1-2-1 soweit wie möglich beibehalten.
- Nach dem Zuspiel auf die Anspielstation gleich wieder Position einnehmen und sich wieder anbieten.
- Anspielstation muß sofort Position im Feld einnehmen und sich wieder anbieten.
- Rückpaß zur Anspielstation ist immer möglich.

Varianten
Einfacher:
Anspielstation darf mehrere Ballkontakte haben oder mit dem Ball ins Feld dribbeln.

6

Training bei den B-Junioren

Merkmale

Viele Spieler in der B-Jugend machen große physische Veränderungen durch, die mit der entsprechenden emotionalen Unruhe einhergehen. Die Motivation kann in dieser Periode sehr stark schwanken und bis zum Totalausfall des Spielers führen. Auch die Leistungen in einem Wettkampf sind manchmal sehr unbeständig. Im allgemeinen sind Spieler in dieser Altersgruppe sehr motiviert und gehen kritisch mit anderen und mit sich selbst um. B-Spieler sind bereits zu einer kritischen Analyse des Spiels in der Lage. In der B-Jugend spielt auch oft die sogenannte Hackordnung eine Rolle. Auffallend ist die Neigung der Spieler, sich nicht an die Absprachen zu halten. Andererseits kann man bei diesen Spielern schon gut an das Verantwortungsgefühl appellieren. Eigene Normen können allerdings manchmal mit Gruppennormen in Konflikt geraten.

Das Gewinnen von Wettkämpfen war für diese Spieler schon wichtig, als sie in der C-Jugend spielten, aber jetzt wird damit auch ein wirklicher Wert verbunden. Die Art und Weise, wie ein Wettkampf gewonnen wird, kann jetzt objektiver beurteilt werden und die eigene Leistung und die Mannschaftsleistung können jetzt angemessen eingeschätzt werden. Wenn die Spieler die vorige Phase gut durchlaufen haben, können sie auch selbst angeben, was insgesamt gesehen funktioniert hat und was nicht. Man ist manchmal erstaunt über das scharfe Analysevermögen mancher Spieler. Der direkte Wettkampf (der vorige oder der nächste) wird jetzt auch der inhaltliche Bezugsrahmen für das nächste Training. Spezielle Fertigkeiten der Spieler werden bei der B-Jugend für die Mannschaft genutzt.

Der B-Trainer merkt, wie wichtig es für einen Spieler ist, daß er weiß, mit welcher Idee die Mannschaft spielt, und daß jeder mit derselben Grundidee spielt. Dann erst sind verschiedene Entscheidungen zu treffen und können Spieler die jeweilige Bedeutung der betreffenden Entscheidung erfassen und gut zusammenarbeiten. Sie erkennen dann, was der Mitspieler meint, und wissen im voraus, wie er in einer bestimmten Spielsituation reagieren wird. Diese gegenseitige Verständigung beginnt bei ein paar Absprachen und kann sehr stark weiterentwickelt werden.

Nach Abschluß des Wachstumsschubs kann die Belastbarkeit (Kraft und Ausdauer) erhöht werden. Vor allem bei Amateurvereinen mit einer geringen Trainingsfrequenz sind diese Elemente durch Übungsformen mit dem Ball zu verbessern. Bei den B-Spielern im zweiten Jahr kann man meistens eine deutliche Verbesserung der gesamten Körperkoordination feststellen. Andererseits muß ein B-Trainer noch auf die großen Unterschiede achten, die zwischen den B-Spielern im ersten und im zweiten Jahr bestehen können. Er wird nach Differenzierungsmöglichkeiten suchen müssen, um den Unterschieden zwischen dem biologischen und dem kalendarischen Alter gerecht zu werden.

Tips für den B-Trainer

- Gute Absprachen über das Verhalten beim Training, im Wettkampf, auf dem Weg zum Wettkampf oder in den Umkleideräumen sind sehr wichtig. Deutlich muß zum Beispiel sein, daß man sorgfältig mit dem Material umgehen muß und seine Umkleidekabine aufräumen muß.
- Man muß ehrlich sein. In diesem Punkt sind Jugendspieler dieses Alters sehr sensibel. Jeder Spieler muß gleichermaßen konsequent behandelt werden. Machen Sie keine Ausnahmen, auch nicht bei talentierten Spielern.
- Beziehen Sie die Spieler in Diskussionen über die Spielweise ein. Appellieren Sie an ihre eigene Verantwortung.
- Geben Sie ein gutes Beispiel, haben Sie gegebenenfalls auch den Mut, eigene Fehler einzugestehen, etwa bei einer "verkehrten" Mannschaftsaufstellung.
- Sorgen Sie für eine gute Mannschaftsatmosphäre. Akzeptieren Sie keine Staralllüren, und nehmen Sie gegebenenfalls auch einmal einen Spieler in Schutz.
- Erhöhen Sie im Training nach und nach den Widerstand, das Tempo und die Anzahl der möglichen Alternativen.
- B-Spieler können taktische Grundprinzipien schon sehr gut umsetzen, so daß Details der Reihen- und Teamtaktik eingehend besprochen werden können. Dies erfordert natürlich auch ausreichende Kenntnisse des B-Trainers über die Grundprinzipien und die Aufgaben der einzelnen Positionen. Auch hier sollten die Spieler wieder in die Diskussionen über Fußballprobleme und deren Lösung einbezogen werden.
- B-Spieler können manchmal sehr emotional reagieren. Der B-Trainer kommt deshalb nicht umhin, viele "persönliche" Gespräche zu führen. Diese Gespräche können für Rückhalt und Ruhe im Team sorgen.
- Schaffen Sie im Training Raum für eine individuelle Betreuung innerhalb der Gruppe. Das stärkt und festigt die Persönlichkeit vor allem derjenigen Spieler, die Probleme mit emotionalen Veränderungen haben.
- Sorgen Sie für ein gutes Betreuungsteam, so daß Probleme rechtzeitig wahrgenommen werden können.

Profil eines B-Trainers

Ein guter B-Trainer ist in erster Linie sehr ehrlich und konsequent. Daneben verfügt er über ein grundlegendes Wissen und Verständnis über die Grundprinzipien des Spielkonzepts. Gerade bei B-Spielern können die taktischen Fertigkeiten sprunghaft zunehmen. Der Trainer reserviert ausreichend Zeit für persönliche Gespräche und berücksichtigt dabei die spezifischen emotionalen Äußerungen dieser Altersgruppe. Auch ist er noch geistig jung genug geblieben, um sich in die ständig wechselnde Erlebniswelt seiner Schützlinge hineinzuversetzen. Indem er auch außerhalb des Fußballbereichs attraktive Aktivitäten organisiert, festigt er die Bindung der Spieler mit dem Verein.

Auch ist dieser B-Trainer in der Lage, die Fußballprobleme aus dem Wettkampf in geeigneten Übungsstoff umzusetzen, wobei er ständig die großen Unterschiede innerhalb seiner Spielergruppe in bezug auf Belastbarkeit und Entwicklung im Auge behält.

Ein spezifisches Problem

* An anderer Stelle in diesem Buch wird festgestellt, daß die B-Jugend die Altersklasse ist, in der die Gefahr am größten ist, daß Spieler abspringen. Deshalb wird sich die Jugendpolitik eines Vereins sehr spezifisch auf diese Jugendfußballer richten müssen. Es muß ein Stab von qualifizierten Fachkräften zur Betreuung eingesetzt werden. Daneben ist eine Politik zu entwickeln, deren Ziel es ist, die Spieler an den Verein zu binden. An der Ausarbeitung dieser Politik können die Spieler und eventuell auch ihre Eltern mitwirken. Rechtzeitig sind Formen der Zusammenarbeit mit anderen Vereinen zu suchen, wenn eine Elf nicht (mehr) komplett ist, um zu vermeiden, daß eine ganze Generation B-Spieler innerhalb des Vereins mit dem Fußballspielen aufhört.

* Besprechen Sie innerhalb des Vereins, wie mit der veränderten Mentalität, die bei B-Spielern sicherlich zum Ausdruck kommen wird, umgegangen werden sollte. Schaffen Sie Deutlichkeit durch konkrete Absprachen und seien sie konsequent in der diesbezüglichen Umsetzung.

* B-Spieler befinden sich in einem Alter, in dem ihre Leistungen in der Schule nicht selten nachlassen. Wie geht man als Verein damit um? Ist ein gesondertes Betreuungsgremium eine Notwendigkeit oder purer Luxus?

* Die Unterschiede zwischen den B-Spielern im ersten und im zweiten Jahr können vor allem zu Beginn der Spielsaison sehr groß sein. Nicht zuletzt, weil in diesem Alter der Übergang zum Erwachsensein stattfindet, haben die Betreuer in dieser Phase die meiste Arbeit mit dem Betreuen, Korrigieren, Belohnen und Unterstützen von Spielern. Durch die damit verbundenen Veränderungen kann ein Spieler "außer Form" geraten. Die eigene Identität der Spieler (Wer bin ich? Was kann ich?) muß in dieser Phase betont werden.

Der Spieler möchte sehr gerne erwachsen reagieren, kann das aber (noch) nicht. Der Spieler erwartet Erklärungen, Beispiele und Motivation, nicht immer nur Konfrontation.

* Weil die Gruppe aus "Kindern" und "Erwachsenen" besteht, muß auch taktisch in unterschiedliche Richtungen gedacht werden.

* Widerstandstraining als Vorbereitung auf Kraft- und Erholungstraining muß den Unterschied in der körperlichen Entwicklung berücksichtigen. Belastung und Belastbarkeit stellen sich auch hier sehr unterschiedlich dar. Der eine macht schon sehr früh den Schritt zur A-Jugend, der andere benötigt mehr Zeit zur Reife.

Ausgangspunkte für die Wahl des Übungsstoffs

1. Wettkampfanalyse
- Nehmen Sie die drei Schlüsselsituationen als Ausgangspunkt.
- Schlüsseln Sie den Wettkampf in konkrete Fußballprobleme auf und wählen Sie dabei den entsprechenden Übungsstoff aus.
- Streben Sie danach, Fehler, die sich im Wettkampf gezeigt haben, zu vermeiden und die Stärken zu verbessern.

2. Entwicklung des Spielsystems
- Individuell
- Reihe
- Mannschaft
- Schwerpunktverlagerung
- Beständigkeit im technisch/taktischen Bereich (Jahresplan)

3. Die Entwicklung des einzelnen Spielers
- Verbesserung der Schwachpunkte im Bereich Technik, Taktik, Kondition und Mentalität.
- Entwicklung/Ausbau der Stärken im Bereich Technik, Taktik, Kondition und Mentalität.
- Individualtraining verstärken.

4. Berücksichtigen Sie die unterschiedliche Belastbarkeit innerhalb der B-Gruppe.

5. Standardsituationen können nun stärker eingeübt werden.

6. Sorgen Sie durch ein gutes Coaching dafür, daß die Spieler erkennen können, wie sie den "Wettkampfrhythmus", also das unterschiedliche Wettkampftempo, beeinflussen können.

7. Mit welchen Übungen können die spezifischen Fertigkeiten der Spieler stärker betont werden?

8. Welcher Übungsstoff ist für das Individualtraining und die Spezialisation der Spieler geeignet?
- Reihe
- Mannschaft

Hauptaspekte im Training

Technik:
- Es ist eine Stagnation im technischen Bereich festzustellen. Bei kontinuierlichen Trainingsaktivitäten wird aber keine Verschlechterung eintreten, so daß zumindest eine Stabilisierung der technischen Fertigkeiten erreicht werden kann.
- Mögliche Störungen in der Motorik sind eine Folge des zeitweilig verminderten motorischen Lernvermögens.
- Das Lerntempo muß durch Differenzierungen den individuellen Möglichkeiten angepaßt werden.
- Durch die Kraftzunahme sind zumindest für die meisten Spieler im zweiten Jahr Pässe über größere Entfernungen möglich.

Taktik:
- Das technische und taktische Verständnis wächst.
- Die Spieler machen auch einen deutlichen Unterschied zwischen individualtaktischem Handeln und Gruppentaktik.
- Aspekte der Spielweise können mehr und mehr theoretisch behandelt und in Praxissituationen umgesetzt werden.
- Es entsteht eine deutliche Fähigkeit zur Analyse von Spielsituationen.

Kondition:
- Die Belastbarkeit nimmt je nach Entwicklungsstand der Reife der Spieler zu.
- Die motorischen Grundeigenschaften können in vielfältiger Weise und sehr eingehend behandelt werden.
- Unter Berücksichtigung der individuellen Unterschiede in der Belastbarkeit können schon viele Konditionsübungen (mit Ball) durchgeführt werden.
- Auch das Intervalltraining in attraktiven Übungsformen mit dem Ball kann in das Programm aufgenommen werden.

Motivation:
- Jeder Jugendliche strebt in der Pubertät nach einer Form von Selbständigkeit, wobei die Belange der Mannschaft den persönlichen Vorstellungen oft entgegenstehen.
- Während des Trainings ist das Streben des Spielers nach Selbständigkeit in die Funktionsweise der Gruppe zu integrieren.
- Es ist eine positive Einstellung in bezug auf das Geschehen auf dem Platz als auch darüber hinaus anzustreben.

Allgemeines
- Erläutern Sie immer den Wettkampfbezug der einzelnen Trainingseinheiten.
- Verändern Sie Widerstände und Bedingungen.
- Arbeiten Sie während der Spielformen zielgerichtet mit Formationen.
- Aufgrund der großen körperlichen Unterschiede muß darauf geachtet werden, daß die Parteien ungefähr gleich stark sind.

Die sogenannte "Sehtechnik" verdient besondere Aufmerksamkeit:
- Hinsehen, bevor man den Ball bekommt.
- So stehen/laufen, daß man das Geschehen überblicken kann.
- Oft ist das Schauen nach dem Ball verboten.
- Man schaut zum Mitspieler, um etwas "zu verabreden"

In den wichtigen Positionsspielen können B-Spieler gerade auf höherem Niveau schon mit wichtigen Details konfrontiert werden.

- Durch Laufaktionen vier Zuspielmöglichkeiten anstreben: links, rechts, in die Mitte und in die Tiefe.
- Den Mitspieler in nächster Nähe auch einmal übergehen.
- Lernen, gegen die Laufrichtung des Gegners zu spielen.
- Besondere Aufmerksamkeit für die Spielerdreiecke auf dem Feld haben.
- Nie auf einer Linie mit dem Mitspieler stehen.
- Immer den Ball in der Bewegung an- und mitnehmen.
- Verlangen Sie von den Spielern zwischendurch, den Ball zunächst anzunehmen und dann erst weiterzuspielen (also 2 vorgeschriebene Ballkontakte).

Spielsystem

Für die B-Jugend ist das 4-3-3-System zu empfehlen.

Die B-Jugend ist die Altersklasse, in der bereits die wichtigsten taktischen Grundlagen vermittelt werden können:

- Bei Ballverlust sofort den Spielraum eng machen.
- Die vereinbarte Organisation einhalten.
- Steilpässe verhindern.
- Druck auf den ballbesitzenden Spieler ausüben.
- Abspielmöglichkeiten abschirmen.
- Die Grundaufgaben bilden den Ausgangspunkt.
- Immer die Lösung suchen, die für die Mannschaft am besten ist, nicht die, die am besten für einen selbst ist.
- In der Abwehr gilt, sich so zu postieren, daß man Ball und Gegner sehen kann.
- Bei einer Spielverlagerung durch den Gegner muß die eigene Partei ebenfalls "kippen".
- Den Moment erkennen, in dem die Gegenmannschaft abgeblockt werden kann, dann aufschließen und vorrücken.
- Gutes vorausschauendes Denken einüben; im Fußball ist man nicht schnell oder langsam, sondern nur rechtzeitig oder zu spät.
- Bei eigenem Ballbesitz das Spielfeld so groß wie möglich machen (in der Tiefe und der Breite).
- Ziel des Aufbauspiels ist die Schaffung von Chancen.
- Keine Risiken beim Aufbau in der eigenen Hälfte eingehen.
- Sorgen für: offene Reihen, ausreichende Unterstützungsspieler, das Einschalten des dritten Manns.
- Bei Ballbesitz eine Ein-Mann-mehr-Situation anstreben.
- Nie mit dem Rücken zum Mitspieler stehen, immer eingedreht stehen.
- Steil spielen geht vor breit spielen, breit spielen geht vor zurückspielen.
- Fouls vermeiden, denn durch Fouls entsteht Ballverlust.

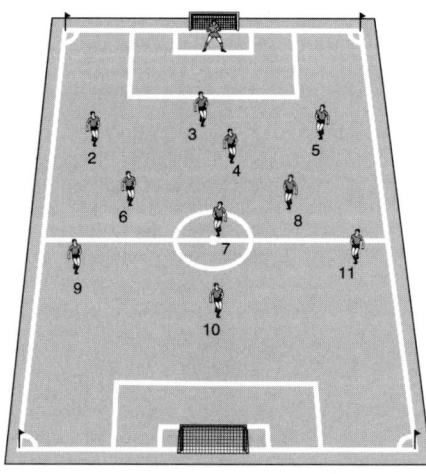

Hauptaspekte im Wettkampf

- Disziplin/Selbstdisziplin.

- Lieber 4:3 als 1:0; nicht spielen, um nicht zu verlieren, sondern um zu gewinnen.

- Gegenseitiges, effektives Coaching stimulieren. Absprachen über die jeweiligen Zuruf-Formeln machen.

- Feldbesetzung:
Verteidigend: kleiner Spielraum. Immer aufschließen auf 10 Meter vor der Mittellinie. Torhüter muß sich mitbewegen.

- Mittelfeldspieler (8 und 6) sollten hinter dem Ball bleiben.

- Außenstürmer (11 und 9) bleiben auf der Achse des Feldes, bis der direkte Gegenspieler angespielt wird, und ihn dann in die Tiefe zwingen.

- In allen Reihen Rückendeckung bieten, wenn der Ball an der Seitenlinie ist.

- Angreifend: großer Spielraum. Immer freilaufen. Den Ball fordern. Der Torhüter muß anspielbar sein.

Den Spielern beibringen, daß sie immer Entscheidungen treffen müssen:
- Spieler 5 und 2: zur Mittellinie oder Richtung Seitenlinie;

- Spieler 3 und 4: nebeneinander oder nachrückend/zurückfallend;

- Spieler 7: nach vorne oder zurück, links oder rechts;

- Spieler 8 und 6: Dreieck formieren oder Raum machen;

- Spieler 11 und 9: nach vorne oder zurück, breit bleiben oder nach innen gehen;

- Spieler 10: links oder rechts. Direktes Zuspiel oder Ball an-/mitnehmen.

Werten Sie die getroffenen Entscheidungen aus.

Die Philosophie des niederländischen Fußballbundes KNVB

Wettkampfreife/Ligareife:
- Handlungsausbeute/Wettkampfgewinn als Mittel.
- Ertrag aus der Aufgabenerfüllung in bezug zum Mannschaftsergebnis: erkennen und zielgerichtet handeln.
- Die Talente des Spielers weiterentwickeln. Herausfinden, wer für welche Position und Aufgabe in Frage kommt.
- Andere Spielsysteme kennenlernen (für die eigene Mannschaft oder beim Gegner).

Methodische Herangehensweise zur Umsetzung der Lernziele:

Phase 1: Gegner im Ballbesitz
Folgende Punkte müssen die Spieler berücksichtigen:
- Ziele und allgemeine Ausgangspunkte.
- Allgemeine Prinzipien der Mannschaftsorganisation und individuelle Ausführung der Aufgabe.
- Das Individuum innerhalb einer Mannschaftsorganisation.
- Verständnis für die Aufgaben der Mitspieler.
- Erkennen der Stärken und Schwächen der Mitspieler.

Phase 2: Eigene Mannschaft im Ballbesitz
Folgende Punkte müssen die Spieler berücksichtigen:
- Ziele und allgemeine Ausgangspunkte.
- Allgemeine Prinzipien des Stellungsspiels.
- Das Individuum innerhalb einer Mannschaftsorganisation.
- Verständnis für die Aufgaben der Mitspieler.
- Erkennen der Stärken und Schwächen der Mitspieler.

Phase 3: Ballbesitzwechsel
- Moment des Ballverlusts.
- Moment der Balleroberung.
Folgende Punkte müssen die Spieler berücksichtigen:
- Ziele und allgemeine Ausgangspunkte.
- Allgemeine Prinzipien des Umschaltens.

Trainingsschwerpunkte:
- Entwickeln von Mannschaftsaufgaben, Aufgaben der einzelnen Mannschaftsreihen und der einzelnen Positionen.
- Entwickeln einer Wettkampfreife, Erhöhung des individuellen Beitrags zum Spielergebnis (mit der Handlungsausbeute beginnen).

[Foto: Bert van Lingen, Trainingsdirektor KNVB]

Übung 1: Passen

Ziel
Positionsbezogenes Training

Organisation
- Spieler A paßt den Ball auf Spieler B, dieser läuft sich frei, bietet sich im Bogen an und bekommt den Ball, öffnet sich zum Ball und legt ab auf Unterstützungsspieler C. Spieler B dreht sich um und fordert den Ball zurück.
- Spieler C paßt den Ball auf Spieler B zurück, der dann Spieler D anspielt.
- Spieler A läuft auf die Position von Spieler C.
- Spieler C läuft auf die Position von Spieler B.
- Spieler B läuft auf die Position von Spieler D.

Anleitung
- Freilaufen
- richtige Ballgeschwindigkeit
- richtigen Fuß anspielen
- im richtigen Moment anbieten
- Hineindrehen
- richtige Abstände zu den Mitspielern

Übung 2: Passen

Ziel
Positionsbezogenes Training

Organisation
- Spieler A paßt den Ball auf Spieler B, dieser läuft sich frei, bietet sich im Bogen an und bekommt den Ball, öffnet sich zum Ball und legt ab auf Unterstützungsspieler C.
- Spieler C spielt den Ball weiter auf Spieler D.
- Spieler A läuft auf die Position von Spieler B.
- Spieler B läuft auf die Position von Spieler C.
- Spieler C läuft auf die Position von Spieler D.

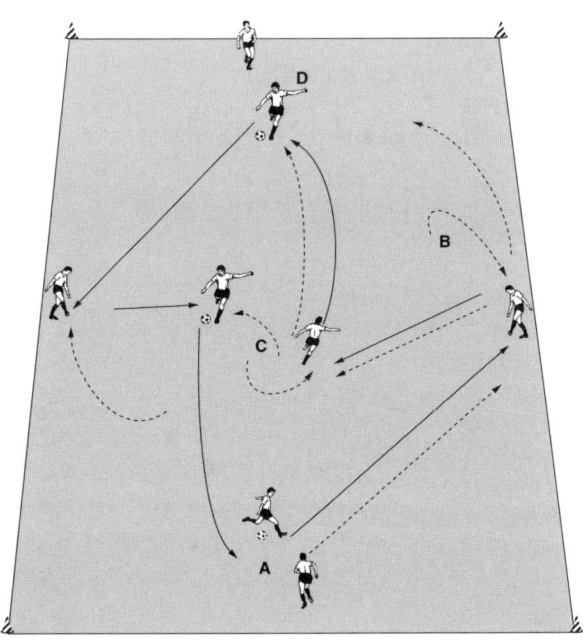

Übung 3: Passen

Ziel
Positionsbezogenes Training

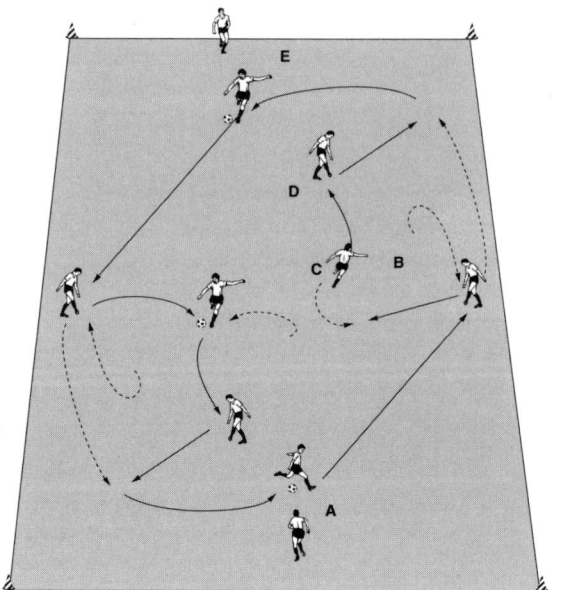

Organisation
- Spieler A paßt den Ball auf Spieler B.
- Spieler B läuft sich frei und bietet sich
  im Bogen an, öffnet sich zum Ball,
  bekommt den Ball und legt ab auf
  Unterstützungsspieler C, dreht sich um
  und fordert den Ball zurück.
- Spieler C spielt den Ball weiter auf
  Spieler D, der den Ball dann auf den
  durchgelaufenen Spieler B ablegt.
- Spieler B schlägt einen langen Querpaß
  auf Spieler E.
- Spieler A läuft auf die Position von
  Spieler C.
- Spieler C läuft auf die Position von
  Spieler B.
- Spieler B läuft auf die Position von Spieler D.
- Spieler D läuft auf die Position von Spieler E.

Übung 4: Passen

Ziel
Positionsbezogenes Training

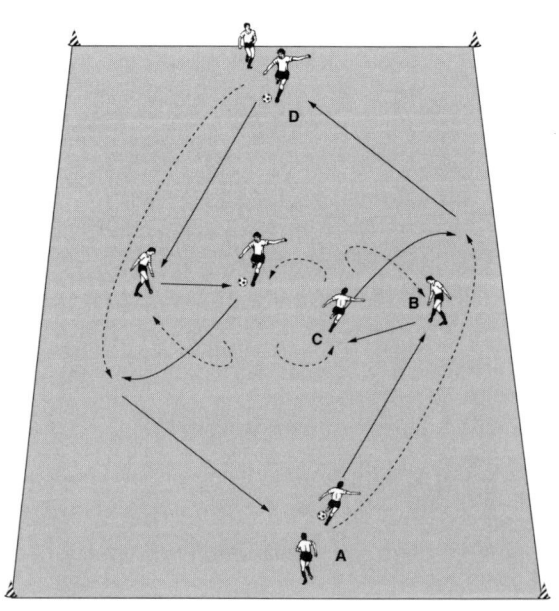

Organisation
- Spieler A gibt den Ball hinein auf
  Spieler B.
- Spieler A tritt an und überlappt Spieler
  B.
- Spieler B läuft sich frei, bietet sich im
  Bogen an, öffnet sich zum Ball,
  bekommt den Ball und legt ab auf
  Unterstützungsspieler C.
- Spieler C spielt den Ball auf Spieler A,
  der überlappt.
- Spieler A spielt dann den Ball auf
  Spieler D.
- Spieler A läuft auf die Position von
  Spieler B.
- Spieler B läuft auf die Position von
  Spieler C.
- Spieler C läuft auf die Position von
  Spieler D.

Übung 5: Angriffsmuster

Ziel
- Verbesserung der Angriffsmuster ohne Widerstand.

Organisation
- Alle Spieler in der Achse schieben sich eine Position vor.

Anleitung
- Stellungsspiel vor dem Tor.
- Stürmer laufen zum 1. und 2. Pfosten.

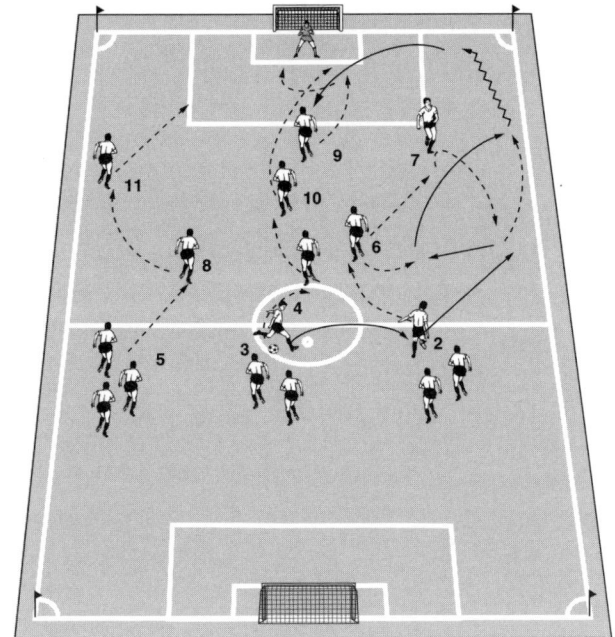

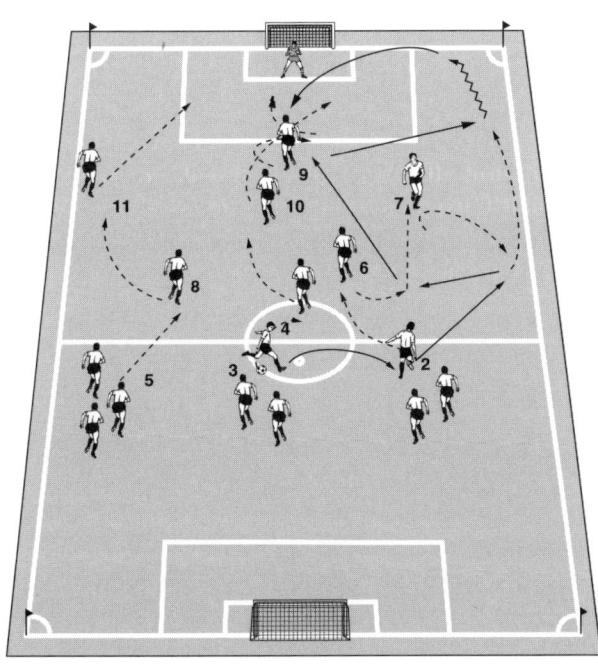

Übung 6: Angriffsmuster

Ziel
- Verbesserung der Angriffsmuster;
  Überlappung

Organisation
- Alle Spieler in der Achse schieben
  sich eine Position vor.

Anleitung
- Stellungsspiel vor dem Tor.
- Stürmer laufen zum 1. und 2.
  Pfosten.

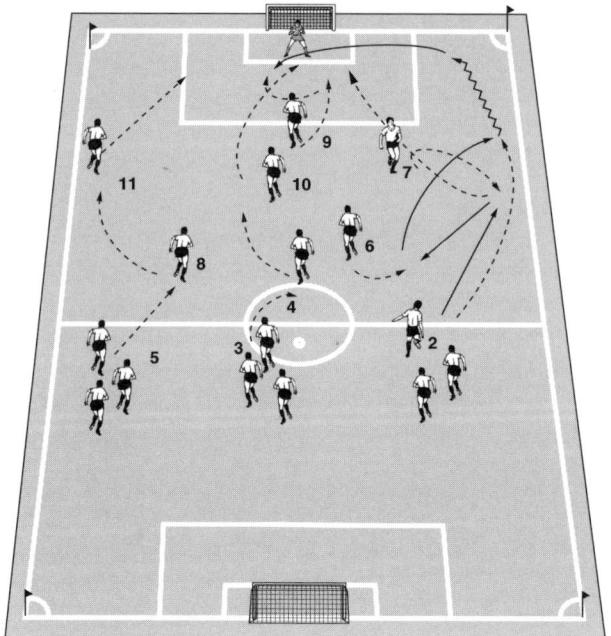

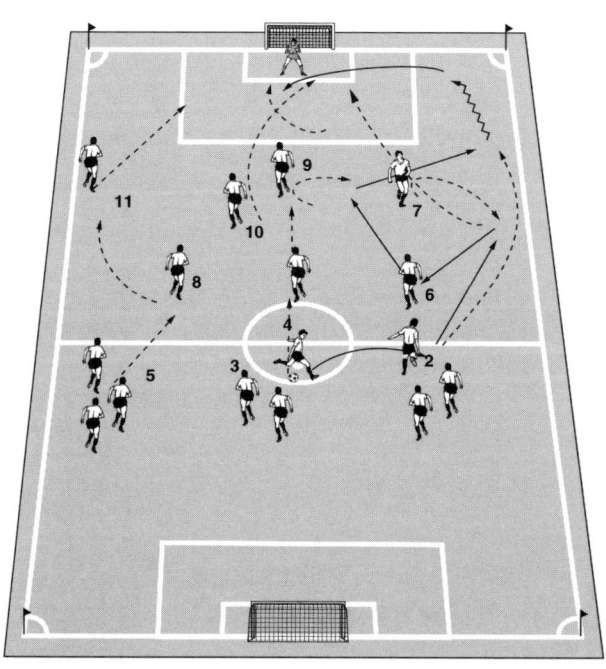

7

Training bei den A-Junioren

Basisaufgaben

A-Spieler können Fußball oft schon in erwachsener Weise spielen. Meistens ist die Lieblingsposition bekannt, und es können Absprachen über die Mannschaftsorganisation getroffen werden. A-Spieler besitzen die Reife, sich auf die Basisaufgaben zu konzentrieren, die zu einer Position gehören. Man kann Dinge wie Mannschaftstaktik und individuelle Taktik besprechen. Im Zusammenhang mit der Einsetzbarkeit bei den Senioren und dem Wechsel dorthin ist es ratsam, bei der Wahl des Spielsystems Rücksprache mit dem Haupttrainer zu halten, sofern sich nicht die Jugendabteilung bewußt für ein System entscheidet, das den Ausbildungszielen entspricht. Der Übergang zu den Senioren ist ein sehr wichtiger Moment. Hier entscheidet sich, ob ein Spieler auf lange Sicht weiter Fußball spielen wird. Jeder Verein sollte sich deshalb bemühen, eine deutliche Politik auf diesem Gebiet zu formulieren. Wie können wir dazu beitragen, daß sich A-Spieler an den Senioren-Fußball gewöhnen?

Wachstumsschub

A-Spieler haben meistens den Wachstumsschub hinter sich. Das sieht man sehr gut an der Koordination und der Mobilität. Der Laufstil erscheint viel erwachsener und ist viel schneller als der eines B-Spielers. Dennoch ist auch bei den A-Spielern spürbar, daß sie wenig Bewegungserfahrungen gemacht haben, als sie noch spielende Kinder waren. Viele der heutigen Jugendspieler haben in dieser Hinsicht Defizite gegenüber den früheren Generationen in diesem Alter, weil sie nie die Erfahrung von Straßenfußball gemacht haben. Empfohlen wird daher ein gründliches Aufwärmtraining, bei dem Wert auf Koordination, Kraft und Beweglichkeit gelegt wird, ohne die individuellen Unterschiede in dieser Altersklasse zu vernachlässigen.

Krafttraining

Die Ballbehandlung ist eleganter und der Körper ist viel mehr im Gleichgewicht als bei einem B-Spieler. Dadurch machen A-Spieler oft rapide Fortschritte in bezug auf ihre technischen Fertigkeiten. Das gilt auch für ihre Kraftreserven, so daß ein spezielles Krafttraining jetzt angebracht ist. Wenn man nur ein paar Stunden pro Woche trainiert, wählt man natürlich auch bei Krafttraining Übungsformen mit dem Ball. Bei dieser Altersgruppe können auch verschiedene Formen des Konditionstrainings mit dem Ball zum Zuge kommen. Natürlich ist der Grad der Belastung immer abhängig von der Kondition im Einzelfall, und die kann heute unter anderem durch eine verkehrte Lebensweise auch bei A-Spielern hinter den Erwartungen zurückbleiben.

Mannschaftsinteresse

Obwohl der Trainer vor allem die Ausbildungsziele im Auge behalten muß, ist für den A-Spieler das Gewinnen sehr wichtig.

Deshalb kann er auch für seinen Beitrag an dem Spielergebnis zur Verantwortung gezogen werden. Der A-Spieler kann demnach lernen, daß er sich dem Mannschaftsinteresse unterordnen muß. Es geht um eine gute Zusammenarbeit und um die Leistung als Mannschaft. Andererseits ist auch die Beschäftigung mit dem einzelnen innerhalb des Teams eine wichtige Aufgabe für den Trainer in dieser Altersklasse. Während des Trainings und im Wettkampf sind die oft großen Motivationsunterschiede zu berücksichtigen, die nicht selten geographischer Natur sind. Stadt-, Dorf- und Vereinskultur bestimmen neben den altersbezogenen Merkmalen die Verhaltensweisen und die Fußballmentalität im Training und im Wettkampf. Gerade in dieser Altersklasse macht sich bemerkbar, ob die Spieler bereits eine ernsthafte Fußballausbildung genossen haben: Sie wissen dann, für welche Basisaufgaben sie innerhalb und außerhalb des Spielfelds zur Rechenschaft gezogen werden.

Hackordnung

Der A-Spieler ist sehr sensibel, was seine Stellung in der Mannschaft und die Hackordnung angeht. Es ist ein gesellschaftliches Phänomen, daß Jugendliche im Alter von 16 bis 18 Jahren dazu neigen abzuspringen, wenn sie mit Rückschlägen oder Kritik konfrontiert werden. Sie merken auch sehr schnell, wenn sie vom Trainer nicht ehrlich behandelt werden. Es ist daher wichtig, in Konfliktsituationen sozial angemessene und pädagogisch adäquate Lösungen zu suchen. Viele A-Spieler sind Konflikten gegenüber nicht offen und ergreifen aus Angst vor einem Gesichtsverlust schnell rigorose Maßnahmen, wenn sie sich ungerecht behandelt fühlen. Sie brauchen eine deutliche Linie, eine selbstverständliche, aber nie erzwungene Disziplin und Aufrichtigkeit. Die Spieler benötigen eine gewisse Stabilisierung ihrer Motivation bei der Suche nach ihrer Rolle in der Mannschaft, aber auch ganz allgemein bei ihrem Interesse am Fußball, bei dem Spaß am Sport, bei Problemen in der Schule, zu Hause, mit ihrem eigenen Körper und letztlich mit ihrem gesamten sozialen Wohlbefinden.

Profil eines A-Trainers

Der Trainer ist die Autorität im Team und besitzt demnach eine natürliche Ausstrahlung. Bei der Wahl des Übungsstoffs vergißt er nie die Elemente Spaß, Erlebnis und Wettkampforientierung. Vor einem Wettkampf kann er auch Fußballgeschichten aus seinem Leben erzählen. Er weiß, daß er seine Spielergruppe immer wieder motivieren muß. Der A-Trainer reserviert Zeit für persönliche Gespräche, in denen er den Spielern klar macht, warum er bestimmte Entscheidungen getroffen hat. Der Trainer muß gute kommunikative Eigenschaften besitzen. Er kann deutlich vermitteln, was er von den Spielern erwartet. Der A-Trainer setzt auf die Mündigkeit seiner Spieler, um sie in die Zielsetzungen der Mannschaft einzubeziehen, so daß sie sich auch mitverantwortlich für die Entwicklung der Mannschaft fühlen.

Tips für den A-Trainer

* Am besten ist es, wenn innerhalb des Vereins ein roter Faden von Absprachen verläuft, wie man miteinander umgeht. Ist dies nicht der Fall, sollte man zu Beginn der Saison eine Art Satzung über gemeinsame Absprachen erstellen. Wenn die Spieler hinter diesen Absprachen stehen, darf darüber nie gefeilscht werden.

* Obwohl für den Jugendtrainer die individuelle Entwicklung Priorität haben muß, ist auch das Mannschaftsgefühl bei A-Spielern wichtig. Das kann man auch im Training deutlich machen. Sind zum Beispiel die Bälle entgegen der Absprache zu weich aufgepumpt, gibt es eine "Fußballstrafe" für die gesamte Materialtruppe und nicht nur für den Spieler, der für die Bälle verantwortlich ist. Spielt eine Gruppe zu unmotiviert in einem Parteispiel, gibt es für die ganze Gruppe am Ende des Trainings ein paar unbeliebte Aufträge.

* Während des Trainings kann man gar nicht genug Wettkampfelemente berücksichtigen, denn solche Elemente sorgen für eine Atmosphäre, die zu der Erlebniswelt dieser Altersgruppe paßt. Also heißt es, Punkte zählen. Bei Parteispielen, Torabschluß- oder Zuspielübungen. Dabei muß man wohl für genügend Wiederholungsmomente sorgen, indem man zum Beispiel kurze Partien innerhalb eines vereinbarten Zeitrahmens spielen läßt. Wer gewinnt, bekommt zwei Punkte. Danach gibt es wieder eine Revanche.

* A-Spieler sind meistens sehr leistungsorientiert. Dennoch muß ihnen klargemacht werden, daß sie als Gruppe auftreten und demnach jeder Spieler Anspruch auf Spielzeit hat. Keine Mannschaft kann eine ganze Saison mit nur elf Spielern bestehen. A-Spieler müssen lernen, daß man im Fußball voneinander abhängig ist und eigene Interessen den Belangen der Mannschaft oft unterzuordnen sind.

* Um individualorientiert arbeiten zu können, Spieler bei der Festlegung der Ziele einzube-ziehen und die persönliche Motivation transparent zu machen, kann man am Anfang einer Saison mit einem Fragebogen arbeiten. Mögliche Fragen sind dabei: Was willst du lernen und erreichen? Was sind deine Stärken und Schwächen im technisch/taktischen und menta-len Bereich?
In einem anderen Buch aus dieser Serie finden Sie ein Muster für so einen Fragebogen, wie ihn Foppe de Haan beim SC Heerenveen verwendet. In abgeleiteter Form ist dieser Fragebogen auch für die A-Jugend sehr nützlich. In der Winterpause und am Ende der Saison kann so ein Fragebogen ein hervorragender Ausgangspunkt für ein Auswertungsgespräch sein.

* Aufgrund der großen Niveau- und auch Motivationsunterschiede ist es durchaus ange-bracht, eine A-Elf mit mehreren Trainern zu betreuen. In kleineren Gruppen kann man auch viel spezifischer arbeiten.

* Diese Altersgruppe benötigt bereits eine eingehende Mannschaftsbesprechung nach einem Wettkampf. Direkt nach dem Spiel ist die Wirkung der Besprechung am größten, weil dann die Spieleindrücke noch frisch sind. Auf der anderen Seite muß ein Trainer dann allerdings gut mit den Emotionen der Spieler umgehen können, die unmittelbar nach dem Abpfiff des Spiels sehr heftig und unkontrolliert sein können.

Ein spezifisches Problem

Viele Amateurvereine werden mit einem großen Mitgliederschwund unter den Spielern der A-Jugend konfrontiert. Dabei spielt eine externe Ursache eine wichtige Rolle. Jugendliche in diesem Alter lassen sich sehr stark von materiellen Dingen beeinflussen, die ihnen innerhalb der Gruppe einen gewissen Status geben. Für die teure Markenkleidung oder Luxusgüter benötigen sie viel Geld, das sie sich oft durch einen Nebenjob am Wochenende verdienen. Schon manch ein Verein hat erleben müssen, daß sich sogar während der Saison plötzlich die Hälfte der Mannschaft aus diesem Grund verabschiedete.
Dieses Problem kann nur gelöst werden, wenn alle Vereine an einem Strang ziehen und zum Beispiel von den zuständigen Verbänden mehr Flexibilität bei der Gestaltung der Spielpläne verlangen.

Ausgangspunkte für die Wahl des Übungsstoffs

Bei der Wahl des Übungsstoffs spielen die bereits angesprochenen Merkmale dieser Altersgruppe eine Rolle. Die Übungen sollten daher viele Wettkampfelemente enthalten. Weitere Ausgangspunkte ergeben sich aus dem "Lesen" des Wettkampfs, dem Spielsystem und der Atmosphäre im Team. Im Winter springen die etwas schlechteren A-Spieler leicht ab, weil sie sich über die Trainingsbedingungen ärgern. Das erfordert vom Trainer Kreativität bei der Suche nach adäquaten Übungsformen. Und auch für einen A-Trainer ist Fingerspitzengefühl unerläßlich, gerade weil die Motivationslage bei den Spielern von Training zu Training unterschiedlich ist. Er muß rechtzeitig erkennen, was die Gruppe während eines bestimmten Trainings leisten kann und was nicht.

Einige allgemeine Punkte:

- Ausgangspunkt ist: Alles mit Ball.
- Garantiert der gewählte Übungsstoff auch Spielfreude?
- Welche Elemente des Spielsystems bzw. der Spielkonzeption trainiere ich?
- Sind das jeweilige Ziel und die Herangehensweise im Übungsstoff berücksichtigt?
- Gewährleiste ich individuelle Fortschritte im Mannschaftstraining durch Organisation bzw. Übungsstoff und individuelle Betreuung und spezielles Coaching?
- Soll ich die Fertigkeiten, die taktischen Qualitäten, die mentale Einstellung und die Konzentrationsfähigkeit einzelner Spieler fördern?
- Bin ich als Trainer flexibel genug?

Spielsystem

Einzelne Punkte:
- Streben nach einer optimalen Feldbesetzung.
- Höhere Anforderungen an die technische Ausführung, dabei ausgehend vom einzelnen.
- Spielen in der Hälfte des Gegners.
- Verteidigen beginnt vorne.
- Nach vorne verteidigen: Wo und wann Druck ausüben?
- Hohe Ballzirkulation, Art und Weise der Hereingabe vors Tor.
- Spielen, um zu gewinnen.
- Ball so tief wie möglich vors Tor bringen.
- Suche nach dem dritten Mann.
- Auch noch bei 1:1-Situationen kreatives Angriffsspiel wagen.
- Streben nach Ein-Mann-mehr-Situation im Aufbau.
- Lernen, auf das Spielsystem des Gegners zu reagieren.
- Zu den Ausgangspunkten des Spielsystems passendes Coaching.

Hauptaspekte im Training
- Individuelle Spezialisation.
- Der einzelne hat sich dem Mannschaftsinteresse unterzuordnen.
- Funktionelle und Multifunktionelle Beeinflussung.
- Handlungserfolg; mentale Aspekte.
- Wettkampf-Coaching.
- Im strategisch/taktischen Bereich Schwächen des Gegners ausnutzen und Qualitäten des eigenen Teams nutzen.

Die Philosophie des niederländischen Fußballbundes KNVB

Für den KNVB ist die "Ligareife" das wichtigste Ziel bei der A-Jugend.

Laut Bert van Lingen ist das Siegen zu lernen in dieser Altersklasse ein Ziel an sich. Dieses Ziel kann nur erreicht werden, wenn die A-Spieler lernen, im Dienst der Mannschaftsleistung zu spielen.
Die Spieler sind reif für ein positionsorientiertes Aufgabentraining. Sie müssen lernen, was im Rahmen der verschiedenen Aufgaben gefordert wird. Auf diese Weise entwickeln sie sich zu "Spezialisten".

Die methodische Herangehensweise zur Umsetzung dieser Lernziele, also der Aufbau und die Schwerpunkte des Trainings, sieht laut KNVB wie folgt aus:

Phase 1: Gegner im Ballbesitz
- Mannschaftsorganisation.
- Spezialisation von Spielern.
- Konzentration auf die jeweilige Aufgabe.
- Anteil des einzelnen Spielers an einem positiven Wettkampfergebnis.
- Aufgabentraining.

Phase 2: Eigene Mannschaft im Ballbesitz
- Mannschaftsorganisation.
- Erhöhung des Effekts des Stellungsspiels.
- Lernen, die individuellen Fertigkeiten der Spieler aus dem Team auszunutzen.
- Anteil des einzelnen Spielers an einem positiven Wettkampfergebnis.
- Aufgabentraining.

Phase 3: Ballbesitzwechsel
- Moment des Ballverlusts.
- Moment der Balleroberung.
In dieser Phase kommt es zur Umsetzung der Trainingsschwerpunkte der laufenden Saison, wobei beim Ballbesitzwechsel die Betonung auf dem sehr schnellen Umschalten von dem einen zum anderen Spielmoment liegt.
- Teamverantwortung.
- Ausnutzen spezifischer Fertigkeiten der Spieler.
- Unterordnung unter die Mannschaftsinteressen.

Übung 1: Zweikampf 1 gegen 1

Ziel
Verbesserung des Zweikampfs in 1-gegen-1-Situationen und der Einschätzung der Abstände zu den Mitspielern.

Organisation
- 6 gegen 6 (und zwei Torhüter), verteilt in 3 gegen 3 auf zwei Hälften.
- Abmessung: 2 x das Strafraumgebiet.
- Große Tore.
- Genug Bälle in beiden Toren.
- Trikots für beide Parteien.

Die folgenden taktischen Prinzipien begreifen A-Spieler sehr gut.

Anleitung
- Auch hier die Bedeutung des Zweikampfs 1 gegen 1 unterstreichen.
- Die Spieler dürfen ihre jeweilige Hälfte nicht verlassen.
- Während der Aufbau bei der einen 3er-Gruppe beginnt (Mann-mehr-Situation entsteht durch Einschalten des Torhüters) muß sich die andere 3er-Gruppe derselben Partei im richtigen Moment einschalten.
- Dabei müssen diese Spieler vor allem die Abstände zueinander im Auge behalten. Bieten sie sich zu kurz in Höhe der "Mittellinie" an, wird der Raum zu eng und sie sind leicht zu decken.
- Auf Spiel ohne Ball achten.

Übung 2: Zweikampf 1 gegen 1

Ziel
Verbesserung des Zweikampfs in 1-gegen-1-Situationen, sowohl im Angriff als auch in der Verteidigung.

Organisation
- 8 gegen 8 im Raum zwischen den beiden Strafräumen.
- Auf jeder Sechzehnmeterlinie steht ein großes Tor.
- Genug Bälle in beiden Toren.
- Trikots für beide Parteien.

Anleitung
- Den Spielern klarmachen, daß der Zweikampf 1 gegen 1 ein wesentliches Element im modernen Fußball ist. Als Stürmer steht man einem direkten Gegenspieler gegenüber, der einem das Fußballspielen unmöglich machen will. Beim Übergang zu den Senioren werden die A-Spieler dies noch stärker erfahren. Die Verteidiger schalten sich bei Ballbesitz auch immer mehr ein und gehen in die Zweikämpfe. Stürmer müssen mitverteidigen.
- Die Formation ist 3-2-3. Von A-Spielern kann man erwarten, daß sie diese Grundformation einhalten.
- Individuelles Coaching ist unerläßlich, denn diese Übungsform läßt deutlich sehen, wer gut mitspielt und wer verkehrte Lösungen wählt. Auch die unterschiedliche Motivation der A-Spieler wird hierbei sofort sichtbar.

Übung 3: Zweikampf 1 gegen 1

Ziel
- Neben der Schulung des Zweikampfs 1 gegen 1 ist jetzt auch auf den richtigen Moment der Übernahme einer Position und der Besetzung einer Position zu achten.
- Den langen Ball abfangen und Schulung spielerischer Fertigkeiten des A-Torhüters.

Organisation
- 7 gegen 7. Zwei 6er-Gruppen sind denselben Einschränkungen unterworfen wie bei Übungsform 2.
- Der siebte Spieler ist bei der einen Partei der Torwart, über den jedes Aufbauspiel seiner Mannschaft läuft.
- Beim Gegner ist der siebte Spieler ein "freier" Feldspieler. Diese Partei spielt ohne Torhüter.

Betreuung:
- Die Mannschaft ohne Torhüter muß möglichst versuchen, lange Bälle auf das leere Tor zu verhindern.

Übung 4: Passen

Ziel
Schulung der technischen Ausführung in bezug auf Passen, Richtung, Geschwindigkeit, Abtropfen lassen und Dribbling/Tempodribbling aus einer vorgeschriebenen Form heraus mit erkennbaren Laufaktionen.

Organisation/Anleitung
Übung, bei der es auf Tiefe ankommt; drei Stationen.

Spielend aus einer Organisation mit taktisch-technischen Schwerpunkten:
- Moment des Nachrückens;
- zunächst öffnen, Verteidiger mitnehmen, Raum schaffen;
- tief hineingeben, Position hinter dem Ball.

Hohe Konzentration von den Spielern verlangen durch entsprechendes Coaching und durch Lautstärke.

Ball scharf hereingeben, den richtigen Fuß anspielen in rein technisch-taktischer Hinsicht, also unabhängig von der Position des möglichen Verteidigers, auf den Doppelpaß und das Laufmuster achten.

Ein Zuspiel wählen, bei dem mehrere Variationen möglich sind.

Die vier möglichen Variationen im einzelnen angeben. Die jeweilige Entscheidung und Initiative aber den Spielern überlassen.

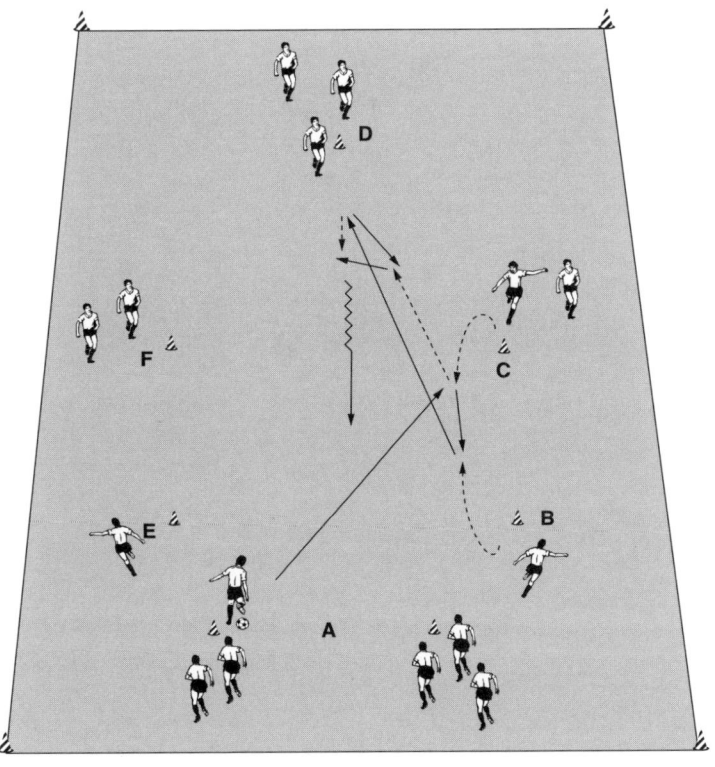

Übung 5: Passen

Organisation
- Initiative und Spiel ohne Ball von Spieler C.
- Diagonales, tiefes Zuspiel (flach) von hinten durch Spieler A.
- Spieler B macht den Raum frei, schließt auf und bezieht Position hinter dem Ball.
- Spieler C läßt abtropfen auf Spieler B, der den Ball Spieler C in den Lauf spielt.
- Moment des Anbietens.
- Spieler D muß aufpassen, daß er vor dem Abspiel nicht zu weit durchläuft.
- Spieler D nimmt den Ball mit und dribbelt zur Position A.
- Diese Übungsform auch zur anderen Seite hin ausführen, wobei die Reihenfolge gleich bleibt: A-B-C-D-A.

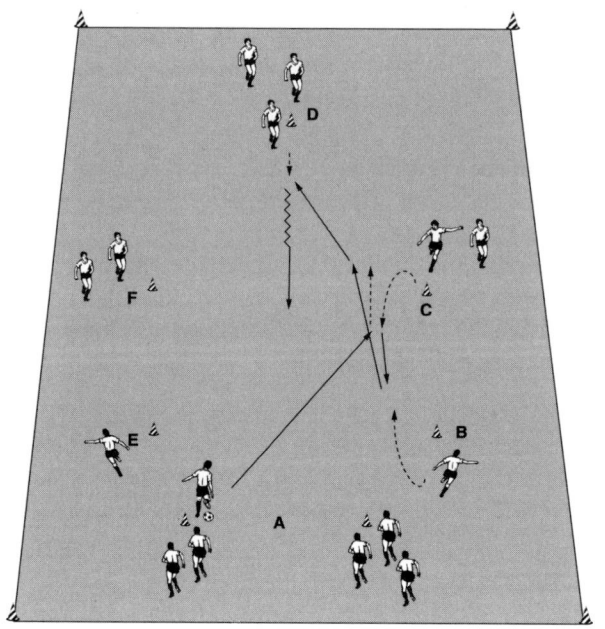

Übung 6: Passen

Organisation
- Wie Übung 5, aber jetzt spielt Spieler B den Ball direkt nach dem Abpraller steil auf Spieler D.
- Initiative und Coaching durch Spieler D, der sich anbietet.
- Reihenfolge: A-B-C-D-A.

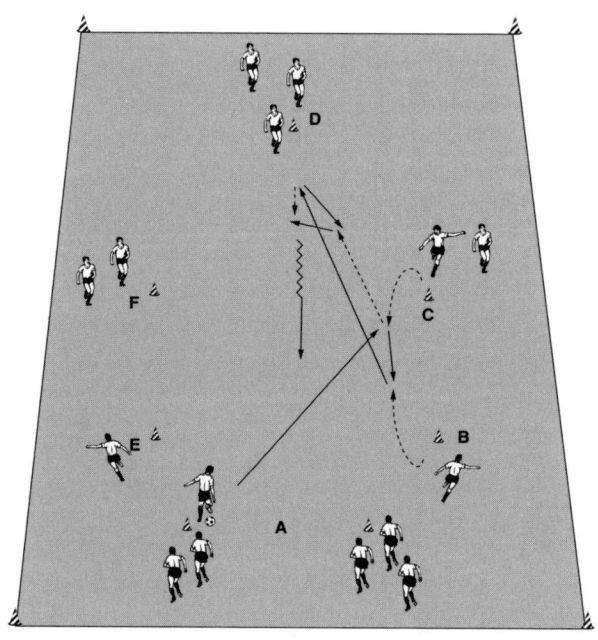

Übung 7: Passen

Organisation
- Spieler D geht mehr auf den Ball zu und schafft Raum, damit Spieler B aufrücken kann.
- Ablegen auf den aufschließenden 3. Mann; Paß in den Lauf.
- Variation: Steilpaß auf die Spitze, dahinter aufschließen als 3. Mann.
- Reihenfolge: A links-F-E-D-A.

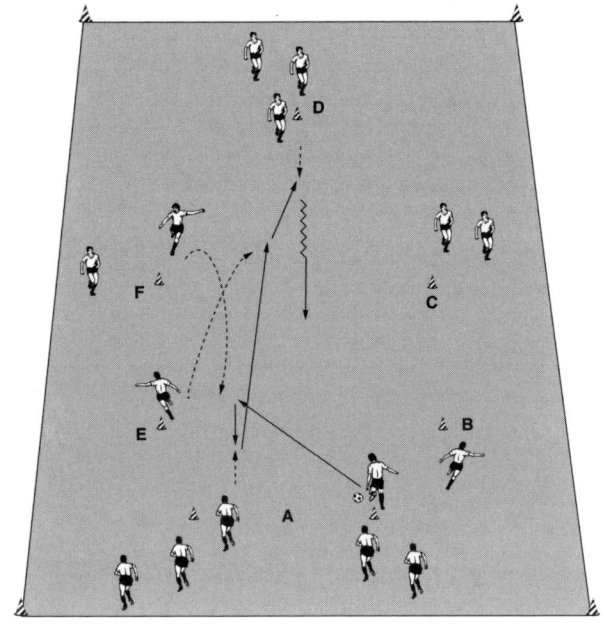

Übung 8: Passen

Organisation
- Wie Übung 7, aber jetzt schließt die Diagonale als 3. Mann auf.
- Reihenfolge: A-E-F-D-A.

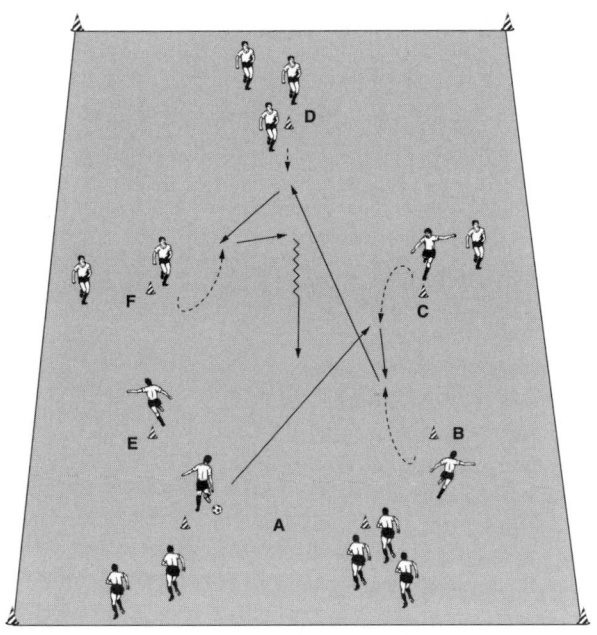

Positionsspiel 6 gegen 6 + 2

Ziel
Die Verteidiger müssen versuchen, so schnell wie möglich in Ballbesitz zu gelangen. Das bedeutet, daß sie in der Minderzahl räumlich decken und im richtigen Moment den Ball erobern müssen.

Organisation
- Spiel in einem Rechteck von ungefähr 30 x 20 Meter.
- Die zwei freien Spieler spielen am Kopfende des Felds. Dies können zwei Torhüter sein oder eine Spitze und jemand, der von hinten spielt.
- Mit zwei Ballkontakten beginnen.
- Die Endform ist zwei Ballkontakte der freien Spieler, während die anderen Feldspieler direkt spielen.

Spezielle Coachingelemente
- Hineingabe des Balls auf den "richtigen" Fuß. Dies hängt von der Position des Verteidigers gegenüber dem Angreifer ab und umgekehrt.
- Ballgeschwindigkeit, Geschwindigkeit der Ballzirkulation (Tempowechsel). Wann scharfes Zuspiel, wann verzögern?
- Beidbeinigkeit ist sehr wichtig im Zusammenhang mit der Handlungsschnelligkeit in bezug auf Tempo und Effizienz. Wenn man in der Lage ist, den Verteidiger auszuspielen, indem man den Ball von seinem rechten auf den linken Fuß spielt, hat man mehr Möglichkeiten und ist man schwieriger zu decken. Ist man dagegen nur rechtsfüßig und der freie Raum liegt an der linken Seite, muß man den Ball mit rechts zum Verteidiger hin annehmen, was Ballverlust bedeutet.
- Der Moment des steilen Zuspiels ist sehr wichtig, aber man muß dabei auf die Qualität des Zuspiels achten. Achten Sie auf die Ballgeschwindigkeit; der Ball muß für den Mitspieler spielbar sein. Also keine hohen Bälle auf englische Art, bei denen der Stürmer zum Kopfballduell gezwungen wird, sondern Bälle, die "unter dem Knie" enden. Manchmal muß der Paß als Flugball gefühlvoll mit der Innenseite geschlagen werden, während in einer anderen Situation ein scharfes Zuspiel wie ein "Strich" besser geeignet ist.

Anleitung
- Die Feldbesetzung/Positionen der 8er-Gruppe.
  Die Feldbesetzung ist die Grundlage, aber vor allem beim Umschalten von Ballverlust auf Ballbesitz müssen die Spieler darauf achten, welche Positionen die Mitspieler einnehmen, um so wenig wie möglich laufen zu müssen; dabei kommt es auch auf ein gutes gegenseitiges Coaching an.
- Spiel auf der "Längsachse".
  Spielt einer der beiden Mittelfeldspieler zu nah an der Längsachse, ist ein steiles Zuspiel kaum mehr möglich.

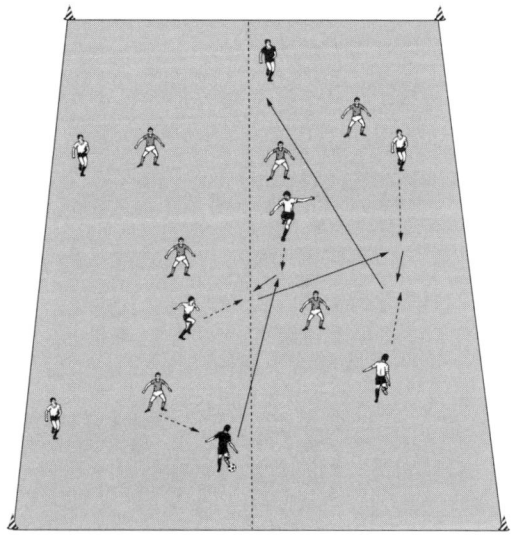

Anleitung

- Balleroberung durch den ersten
  Verteidiger.
  Wenn der erste Mittelfeldspieler
  drei Meter links von der Mittellinie
  spielt, hat sein Verteidiger die
  Wahl. Entweder entscheidet er sich
  für den Steilpaß, dann steht der
  erste Mittelfeldspieler frei, oder er
  entscheidet sich für die defensive
  Position des ersten
  Mittelfeldspielers, dann ist der
  anschließende Steilpaß immer möglich.
- Deshalb sollten nie zwei Spieler
  auf derselben Seite einer gedachten
  Linie stehen. Einer links, der andere
  rechts und die dritte Station dazwi-
  schen.

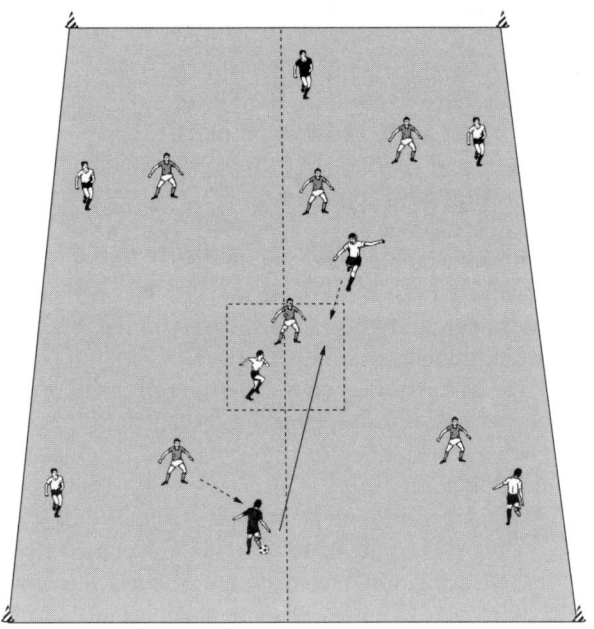

Anleitung

Auch die Positionen der Spieler
untereinander in der Breite des Felds
sind sehr wichtig. Beispiel: Wenn die
beiden Mittelfeldspieler zu dicht
nebeneinander spielen, wird der
Steilpaß erschwert. Nach der
Hereingabe ist eine Ballabnahme
durch den Verteidiger möglich. Bei
Ballverlust stehen dann auch weniger Spieler hinter dem Ball. Wenn
eine Mannschaft nach dem ersten
Steilpaß den Ball verliert, stehen
noch genügend Spieler hinter dem
Ball. Dies gilt auch für die Spieler,
die im Positionsspiel die Seiten
besetzen. Um Risiken zu vermeiden,
sollte man den Ball deshalb möglichst nach vorne schlagen. Das verlangt einen gewissen Mut von den
Spielern, den man durch entsprechendes Coaching wecken kann. Im
Spiel selbst ist man natürlich ständig
in Bewegung. Es kommt also auch
darauf an, daß die Spieler die
Positionen der Mitspieler immer im
Auge behalten.

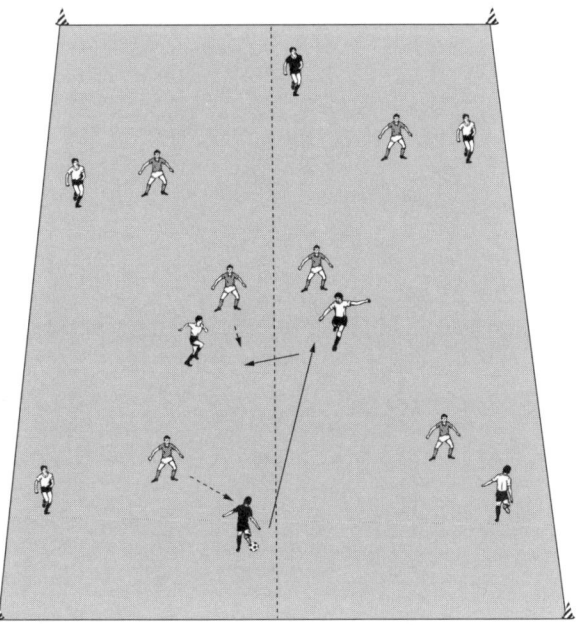

Parteispiel 8 gegen 8

Ziel
Hohes Spieltempo, schnelle Ballzirkulation mit einem möglichst steilen Zuspiel. Für die Abschlußphase ist Kreativität gefragt.

Organisation/Schwerpunkte
- Spiel in drei Zonen.
- Bestimmtes Spielsystem / bestimmte Feldbesetzung.
- 2/3 Spielfeld zwei Ballkontakte, 1/3 freies Spiel. Dadurch werden die Spieler zu einem hohen Spieltempo gezwungen, wobei in der Endphase des Angriffs eine 1-gegen-1-Situation möglich ist.
- Auch die Spitzen müssen im Wettkampf in diesem Teil des Spielfelds mehr Kombinationsfußball spielen (als Anspielstation).
- Möglichst steiles Zuspiel.
- Spiel entlang der "Längsachse" (siehe Positionsspiel).
- Die Verteidiger müssen so schnell wie möglich in Ballbesitz kommen.
- Moment und Art und Weise der Verteidigung durch die Sturmspitze. Übt die Sturmspitze Druck auf den gegnerischen freien Mann aus, kann der eigene freie Mann vor der Abwehr spielen. In dem Moment, in dem er direkt auf den ballbesitzenden Spieler zugeht, müssen die Nummern 10 und 4 durchbrechen, wodurch eine 1-gegen-1-Situation entsteht. Dadurch wird das Zuspiel auf die Spitze erleichtert.
- Die spezifischen Coachingelemente sind dieselben wie beim Positionsspiel.

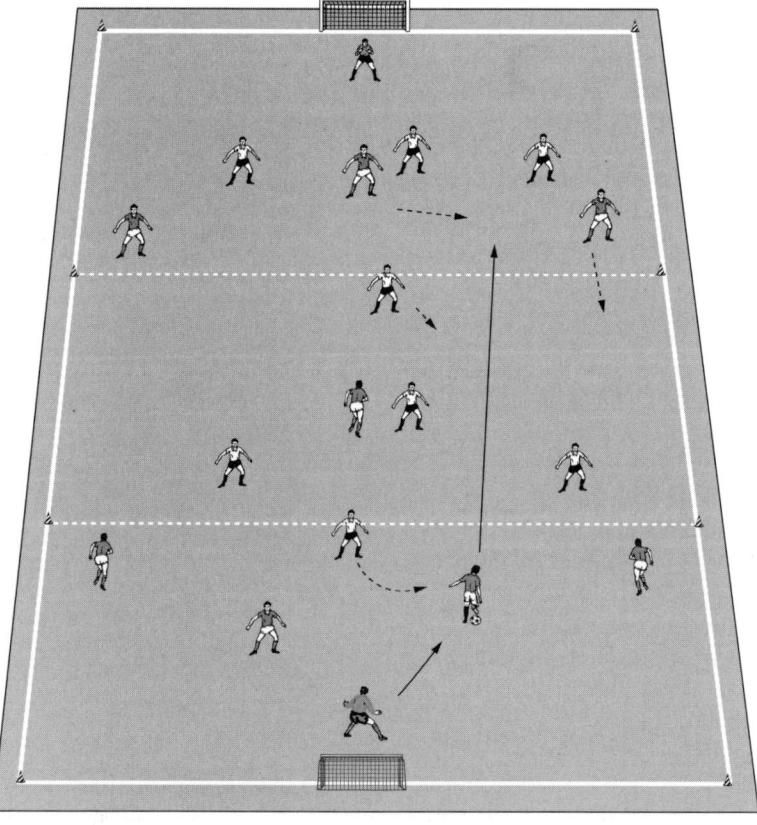